Christoph Hamann

Fotografien im Geschichtsunterricht

Visual History als didaktisches Konzept

Bibliografische Information der Deutschen Nationalbibliothek
Die Deutsche Nationalbibliothek verzeichnet diese Publikation in der Deutschen Nationalbibliografie; detaillierte bibliografische Daten sind im Internet über http://dnb.d-nb.de abrufbar.

Dank
Für die freundlichen Hinweise und die hilfreiche Unterstützung ein herzliches Dankeschön an: Margot Blank (Deutsch-Russisches Museum Berlin-Karlshorst), Jörg Drieselmann (Stasimuseum Berlin), Dr. Dieter Hanauske (Wolfgang-Borchert-Gymnasium, Halstenbek), Dr. Anton Holzer (Herausgeber der Zeitschrift Fotogeschichte, Wien), Dr. Axel Janowitz (Bundesbeauftragter für die Unterlagen des Staatssicherheitsdienstes der ehemaligen Deutschen Demokratischen Republik, Berlin), Carola Jüllig (Deutsches Historisches Museum, Berlin), Annett Krefft (Bibliothek für Bildungsgeschichtliche Forschung, Berlin), Siegbert Schefke (MDR, Leipzig), Dr. Andrea Schinschke (Berlin) und Dr. Olaf Weißbach (Robert-Havemann-Gesellschaft, Berlin). Nur der alphabetischen Folge ist es geschuldet, dass mein Dank zuletzt vor allem Thomas Zehrer (Merian-Schule, Berlin) gilt.

www.wochenschau-verlag.de

Titelgestaltung: Ohl Design
Titelbild: Bruce Springsteen in der DDR, 19.7.1988
(Foto: Harald Hauswald/OSTKREUZ)
Gesamtherstellung: Wochenschau Verlag
Gedruckt auf chlorfrei gebleichtem Papier
ISBN 978-3-7344-0713-0

INHALT

„Die Grenzen der Fotografie sind nicht abzusehen. Hier ist noch alles so neu, dass selbst das Suchen schon zu schöpferischen Resultaten führt. Die Technik ist der selbstverständliche Wegbereiter dazu. Nicht der Schrift-, sondern der Fotografieunkundige wird der Analfabet der Zukunft sein."

Lazlo Moholy-Nagy, 1928

1. VISUAL HISTORY – FUNKTIONEN DER FOTOGRAFIE

Mit dem Visual Turn gerieten in den letzten zwei Jahrzehnten die stehenden und bewegten Bilder mehr und mehr in den Fokus verschiedener Wissenschaften, wie z. B. der Politikwissenschaft, den Medienwissenschaften, der Psychologie oder den Sozialwissenschaften. Von besonderer Bedeutung für das historische Lernen sind kognitionspsychologische Untersuchungen über die Bedeutung historischer Bilder für das Erinnern. Diese konnten belegen, dass Filme wie auch Fotografien nicht nur die Erinnerung an persönliche Erlebnisse oder historische Ereignisse nachhaltig beeinflussen, sondern auch die Einstellungen der Betrachter und deren zukünftige Verhaltensabsichten (Wineburg 2001; Sacchi/Agnoli/Loftus 2007; Welzer 2008; Moller 2018). Mit seinem Ansatz der Visual History profilierte vor allem der Zeithistoriker Gerhard Paul (Paul 2006, 2016) die geschichtswissenschaftliche Auseinandersetzung mit den Bildern neu und differenzierte sie aus. Die vorliegenden Anregungen für das Lernen mit und über Fotografien orientieren sich an den Grundüberlegungen der Visual History und wenden diese fachdidaktisch und methodisch auf den Geschichtsunterricht in der Schule.

Die Visual History unterscheidet Bilder nach drei unterschiedlichen Funktionen. Bilder sind demnach Quellen der Forschung, Medien der Erinnerung wie auch Instrumente der Politik. So können Bilder erstens Quellen für die Konstruktion von historischen Narrativen sein. Sie dienen zweitens in der Kommunikation von sozialen Erinnerungsgemeinschaften als Symbole. Und sie werden schließlich drittens als Bildakte/Waffe eingesetzt, um politische Ziele zu erreichen. Dieser Dreiteilung können die Zeitebenen Vergangenheit, Gegenwart und Zukunft zugeordnet werden; sie ist zudem analytisch zu verstehen. So kann z. B. die Fotografie der Geisel Hanns Martin Schleyer analysiert werden hinsichtlich ihrer symbolischen Funktion als gegenwärtiger Erinnerungsträger und -trigger an den deutschen Herbst 1977. Oder die damalige politische Funktion der Aufnahme(n), Inhaftierte freizupressen und die Bundesregierung zum Nachgeben zu bewegen, steht im Mittelpunkt des Interesses. Das Foto des nach einem Bombenanschlag 1989 auf den Bankmanager Alfred Herrhausen zerstörten gepanzerten Mercedes kann wiederum als Quelle für den Tathergang und die Wucht der Detonation genutzt werden. In den letzten Jahren fanden insbesondere Bilder des Terrors wissenschaftliche Aufmerksamkeit (aus der Perspektive der Kunstgeschichte Klonk 2017).

Grundlage der vorliegenden Impulse und Vorschläge für das historische Lernen im Unterricht sind 33 Fotografien der Zeitgeschichte. Die Sammlung setzt ein mit einer privaten Fotografie von 1913 und endet mit dem Foto des fünfjährigen Flüchtlings Alan Kurdi, der 2015 vor der türkischen Küste ertrunken ist. Um den Nutzen für den Unterricht hochzuhalten, wurden vor allem solche historischen Themen berücksichtigt, die im Allgemeinen im Geschichtsunterricht realisiert werden. Aus dem gleichen Grund wird auch immer wieder auf Aufnahmen Bezug genommen, die in Lehrbüchern aufgenommen wurden oder werden.

Diese Fotografien werden dem Konzept zufolge in ihrer Funktion als Quellen, Symbole oder Bildakte/Waffen thematisiert. Abschließend widmet sich ein Kapitel dem lernenden Umgang mit Bildmanipulationen. Die Differenz zwischen analoger und digitaler Fotografie ist zwar seit 1990 grundlegend. Die vorliegenden Überlegungen gelten jedoch vorrangig dem Lernen mit und nicht dem Forschen über Fotografien. Fragen der Quellenkritik bei der digitalen Fotografie werden deswegen nicht aufgeworfen (vgl. dazu Hamann 2013b).

DIE FOTOGRAFIE ALS QUELLE

Fotografien stammen notwendig aus der Vergangenheit, die sie zeigen. Denn der Fotograf war unweigerlich vor Ort: Er ist Augenzeuge, seine Fotografie beglaubigt: „Es-ist-so-gewesen" (Barthes 1985, 87). In der Familie der Bilder ist die Anwesenheit des Bildautors das Alleinstellungsmerkmal der Fotografie. Fotografien sind also immer Quellen für den Sachverhalt, den sie zeigen. Dies ist bei der Malerei oder anderen Bildtechniken nicht zwingend gegeben. Denn diese können Personen oder Ereignisse auch aus einem zeitlichen Abstand (ob mit oder ohne Kenntnis der konkreten historischen Sachverhalte) visuell gestalten. Wir wissen zum Beispiel, dass der Kupferstich von Theodore de Bry über die Landung von Christoph Kolumbus in der Neuen Welt erst 1594, also rund hundert Jahre nach dem Ereignis angefertigt worden war. Diese Bilder können als Quellen für die Vorstellungen über die Ankunft von Christoph Kolumbus auf der Insel Guanahani 1492 am Ende des 16. Jahrhunderts genutzt werden, nicht aber für eine unmittelbare Zeitzeugenschaft 1492.

Realismus, Wahrheit, Authentizität und Objektivität – das sind seit dem 19. Jahrhundert Eigenschaften, die mit der Fotografie verbunden werden. Kein Wunder ist es deshalb, dass Ranke sie für die „echtesten, unmittelbarsten Urkunden" (nach: Hartewig 2002, 428) hielt. Aber Fotografien werden nicht von Fotoapparaten, sondern von Menschen gemacht, die Fotoapparate nutzen. Das Objektiv der Kamera ist immer auch subjektiv – der Fotograf wählt aus: Dies betrifft das Motiv, die Komposition, die Perspektive, das Licht, das gewählte Objektiv, Farbe/Schwarz-Weiß ... Der Wahl liegen (unbewusste, bewusst ästhetisch oder politisch motivierte) Relevanzentscheidungen und Wertungen zugrunde. Gerade bei der Fotografie wird mit der Fokussierung auf das „Was" des Abgebildeten (Abbild) das „Wie" der Gestaltung (Bild) im wahren Sinne des Wortes „übersehen". Anders als zum Beispiel bei der Karikatur steht das Abbild im Vordergrund der Wahrnehmung, nicht aber das gestaltete Bild. Die Gestaltung ist aber für die Deutung der Fotografie semantisch relevant. Schließlich darf man auch den Rezipienten nicht vergessen: Auch die Betrachter haben ihren je eigenen Blick auf dasjenige, was sie sehen. Jedes Bild entwickelt ein Eigenleben, wenn es angesehen wird. Was es zeigt, das liegt *auch* im Auge des Betrachters.

Das Foto erklärt sich in aller Regel nicht selbst. Wann, wo, von wem und in welchem historischen Zusammenhang eine Aufnahme angefertigt worden ist, dies ist nur in Ausnahmefällen aus der Fotografie selbst abzuleiten. Sie zeigt nicht, was unmittelbar vor oder nach dem Moment der Aufnahme geschehen ist. Sie bettet das gezeigte Motiv auch nicht in einen weiteren historischen Kontext ein. Fotografien *erzählen* deswegen nichts, denn erst eine Erzählung verknüpft zeitdifferente Ereignisse sinnbildend. Es erzählt nur derjenige, der die Aufnahme in die historischen Handlungsabläufe einbettet. Wehrmachtssoldaten, die neben Leichen stehen, müssen nicht die Täter sein – das machte zum Beispiel die Auseinandersetzung um die Ausstellung „Verbrechen der Wehrmacht" in den 1990er Jahren deutlich. Das Kapitel 3 thematisiert Fotografien als Quelle.

DIE FOTOGRAFIE ALS SYMBOL

Historische Fotografien werden nicht allein in Werken der Geschichtswissenschaft abgedruckt. Sie sind omnipräsent in verschiedenen Bereichen der gegenwärtigen Geschichtskultur: in der Publizistik, in der Konsum- und Alltagskultur, in der Politik, in Kunst und Kultur, aus Anlass von Jahrestagen und historischen Jubiläen etc. Aus der unendlichen Zahl der Fotografien kristallisiert sich in den Wiederholungen eine begrenzte Zahl von kanonischen Bildern oder Bildmotiven heraus. Kanonische Fotografien erlangen mitunter auch einen offiziellen Status, indem sie z. B. als Motiv für die Gestaltung von Briefmarken oder Denkmälern genutzt werden oder gar offiziell in das Weltdokumentenerbe aufgenommen werden. Dies erfolgte 2011 bei Fotografien und Filmen zum Bau und Fall der Berliner Mauer. Für die häufig reproduzierten Bildmotive werden fachwissenschaftlich Termini wie z. B. (Medien-)Ikone, Schlüsselbild, Schlagbild genutzt.

Wenn fotografische Quellen kanonisch werden, dann werden sie weniger als Quellen denn vielmehr als Symbole für historische Sachverhalte genutzt. So steht das Bild des Lagertors von Auschwitz-Birkenau (1945) stellvertretend für den Holocaust. Das Bild der Menschen auf der Mauer vor dem Brandenburger Tor (1989) symbolisiert wiederum den Mauerfall und das Ende der DDR. Das Foto ist damit aber nicht allein visuelles Symbol und Auslöser bzw. Motor historischer Vergegenwärtigung. Es wird dabei in aller Regel verbunden mit einer mehrheitsfähigen Interpretation der Vergangenheit. Im fotografischen Symbol verdichtet sich die Deutung der Vergangenheit auf einprägsame Art und Weise. Erinnert wird also nicht allein das Ereignis, sondern auch die mehrheitsfähige Deutung des Ereignisses zum Zweck der Identifikation und/oder im Interesse historischer/politischer Akteure. Gerhard Paul spricht deswegen davon, dass kanonisierte Fotografien „Geschichtsmotoren" (Paul 2006, 19) seien. Sie halten die Erinnerung an das historische Ereignis wie das damit gekoppelte Narrativ wach und bieten damit eine Wertorientierung, denn „jeder Rezeptionsakt ist zugleich ein Bekenntnis zu einer spezifischen Wertordnung" (Assmann 2000, 120). Mit ihrer steten Reproduktion und Distribution haben kanonische Motive deswegen auch einen implizit imperativen Charakter. Dieser lautet: Erinnert euch daran! Diese Geschichte ist wichtig für *uns!* Insofern wirkt das kanonische Bild ein auf das Empfinden und Denken von Erinnerungsgemeinschaften. Aus Bilderwelten werden Weltbilder. Da gerade das Schulbuch einen wesentlichen Beitrag zur Kanonisierung von Fotografien leistet, lässt sich sagen, dass dieses selbst auch ein „Traditionsmotor" ist.

Paul nutzt auch den Begriff „Mythomotoren" (Paul 2006, 19 f.) und deutet damit an, dass kanonische Motive auch solche sein können, die nicht zutreffende oder nicht (mehr) mehrheitsfähige Deutungen repräsentieren und transportieren. So begünstigt die mediale Fokussierung auf das Lagertor Auschwitz-Birkenau z. B. eine Deutung, die den Massenmord als eine anonyme Tat ohne Täter erscheinen lässt (Hamann 2006). Die Kanonisierung dieses Motivs lässt aus dem Blick geraten, dass der Holocaust zu einem „ganz erheblichen Teil eine Menschenvernichtung in sehr traditionellen, nachgerade archaischen Formen mit einer entsprechend hohen Zahl von Direkttätern" gewesen war (Herbert 1998, 57). Ein zweites Beispiel: Die Bildmotive vom Brandenburger Tor im November 1989 repräsentieren die Perspektive des Westens und blenden die Friedliche Revolution und den Massenprotest *in der DDR* visuell aus. Ikonografisch wird dadurch die Freiheitsrevolution von 1989 von der Einheitsrevolution von 1990 vereinnahmt. Grundsätzlich bleibt aber festzuhalten: Auch ein Bildkanon unterliegt einem historischen Wandel. Was gestern als mehrheitsfähiges Symbol galt, kann heute vergessen sein. Wolf Straches Fotografie von der „Reise in die Vergangenheit" (1943), titelgebend für das gleichnamige Schulbuch, war bis in die 1970er in nahezu jedem Schulgeschichtsbuch zu finden, heute hat die Aufnahme nur noch die Funktion einer Quelle (z. B. für die Geschichtskultur im Deutschland der Nachkriegszeit).

Kanonische Fotografien sind wegen ihrer Symbolfunktion nicht allein nur Quellen der Vergangenheit, sie haben also auch die Funktion einer geschichtskulturellen Darstellung der Gegenwart. Die Aufgabe des Unterrichts ist es weniger, diese Fotografien zu Symbolen in den Köpfen der Lernenden zu machen, sondern mit diesen die symbolische Funktion der Bilder zu thematisieren und die damit verbundene Narration zu reflektieren (Koerber 2006, 173). Und wie bei jeder Analyse von Darstellungen muss auch hier mit Jörn Rüsen und Waltraud Schreiber gefragt werden: Auf welche historischen Fakten bezieht sich die Fotografie? Welche historische Interpretation wird mit der Fotografie verbunden und ist diese Deutung plausibel (wissenschaftliche Dimension)? Welche politische und/oder moralische Botschaft wird mit der Fotografie verbunden (politische Funktion)? Nimmt man die Fotografie nicht nur als Abbild, sondern auch als Bild ernst, dann muss auch gefragt werden, welche visuellen Eigenschaften die Fotografie hat, die eine Kanonisierung gerade dieses Motivs begünstigt (ästhetische Dimension, z. B. Personalisierung, Emotionalisierung, Ästhetisierung ...). Schließlich: Zu lernen wäre bei all dem auch, was ein historisches Symbol ist und welche Funktionen Symbole haben.

Die Redaktionen der aktuellen Presseberichterstattung orientieren sich nicht selten an zentralen visuellen Merkmalen, um den Rezipienten sinnträchtige und einprägsame Bilder zu bieten, die komplexe Zusammenhänge verdichten. Solche Merkmale sind auch bei Bildquellen festzustellen, denn diese waren in ihrer ursprünglichen Funktion meist ebenfalls Pressebilder. Das folgende Raster mit seinen genannten acht Merkmalen kann vor allem als Analyseinstrument von fotografischen Symbolen, Bildakten/Waffen, aber auch von Quellen genutzt werden. Das Kapitel 4 analysiert symbolische Fotografien und deren Narrative an prominenten Beispielen.

BILDMUSTER – MERKMALE ERFOLGREICHER MEDIENBILDER

Dramatisierung Die zeitliche Abfolge ist verdichtet im „entscheidenden Augenblick" (Henri Cartier-Bresson) der fotografischen Ablichtung.	**Reduktion/Freund-Feind-Schema** Die vereinfachende Darstellung ermöglicht schnelle Orientierung und eindeutige Bewertung.	**Personalisierung** Der Einzelne steht als Stellvertreter für abstrakte Strukturen und Prozesse.
Synästhetische Tendenz Die Fotografie legt Wahrnehmungen auf verschiedenen Sinnesebenen nahe: Man sieht das Abgebildete nicht nur, man meint auch etwas zu „hören", zu „spüren", zu „riechen" ...	**Fotografie** Quelle Symbol Bildakt/Waffe	**Zeitstruktur** Obwohl die Fotografie nur einen Bruchteil einer Sekunde zeigt, suggeriert das Bild einen zeitlichen Ablauf (vorher, jetzt, nachher).
Ästhetisierung Im Mittelpunkt steht eine zentrale Figur mit einer dominanten Gebärde.	**Der Betrachter ist im Bild** Der Bildraum öffnet sich zum Raum des Betrachters – Bewegung auf den Betrachter zu/von ihm weg.	**Emotionalisierung** Im Mittelpunkt steht z. B. das leidende und unschuldige Opfer (Kinder, Frauen ...)

Vgl. auch: http://www.bpb.de/gesellschaft/medien/krieg-in-den-medien/130611/inszenierung-des-krieges

DIE FOTOGRAFIE ALS BILDAKT UND WAFFE

Als dritter Bildtypus können solche Fotografien verstanden werden, die der Kunsthistoriker Horst Bredekamp „Bildakt" genannt hat (Bredekamp 2010). Darunter werden Aufnahmen verstanden, die selbst Handlungen auslösen und neue Realitäten schaffen. Bilder, die also nicht nur ein Bild aus der Vergangenheit sind und ein Bild von der Vergangenheit bieten, sondern solche, die – im wortwörtlichen Sinne – selbst „Geschichte *machen*". So sollte die Aufnahme von Friedrich Ebert in Badehose vom August 1919 diesen in einer skandalisierenden Kampagne als Reichskanzler moralisch diskreditieren und politisch delegitimieren (Mühlhausen 2009a, 2009b). Die heimlich geschossenen Fotos des „Sonderkommandos Auschwitz" von den Verbrennungen vergaster Leichen sind nicht nur visuelle Dokumente des Verbrechens. Das (verbotene) Fotografieren und Verbreiten solcher Motive ist zugleich auch ein Akt des Widerstands, der die Öffentlichkeit informieren und zum Handeln bewegen wollte (Didi-Huberman 2007). Die Filme von den NS-Reichsparteitagen sollten nicht nur eine „Volksgemeinschaft" inszenieren, sondern diese ihrerseits auch erzeugen und propagandistisch überhöhen (Oberwinter 2007; Diehl 2009).

Vor allem im Kontext asymmetrischer Kriege können Bilder auch zu Waffen werden. Die Darstellung des Terrors dient dabei selbst dem Terror. Nicht die Funktion der Dokumentation durch das Bild steht im Vordergrund, sondern maximale Verbreitung von Angst und Schrecken. Die Medien werden von lokalen Akteuren instrumentalisiert und der Konflikt und die politischen Botschaften damit global wahrnehmbar gemacht. Herausragendes Beispiel dafür sind die Aufnahmen von Nine Eleven. Militärisch waren die Täter allein mit Teppichmessern ausgerüstet, als sie die militärische Supermacht USA angriffen. Aber nicht diese waren die Waffen, auch nicht die gekaperten Flugzeuge, sondern die Bilder der zerberstenden Twin Towers inmitten von New York. Diese hatten den Krieg in Afghanistan zur Folge.

Zu den (Film-)Bildern, die als Waffen genutzt werden, gehören auch solche von Geiseln (insbesondere in demütigenden Arrangements), wie z. B. von Peter Lorenz (1975) oder von Hanns Martin Schleyer (1977). Insbesondere mit den Terrorbildern von Exekutionen wie z. B. Nicholas Berg (2004) oder James Foley (2014) im Kontext des Islamismus bzw. der Errichtung des „Islamischen Staats" wurden „Menschen nicht als Bild" gezeigt, „weil sie getötet worden waren", sondern sie wurden getötet, „um sie als Bild einsetzen zu können" (Bredekamp 2010, 228). Da diese Terrorbilder Sichtbarkeit brauchen, um ihre Terrorwirkung entfalten zu können, werden diese in der vorliegenden Publikation zwar thematisiert, nicht aber gezeigt. Das Kapitel 5 untersucht zentrale Bildmotive hinsichtlich ihrer politischen Funktion als Bildakt und Waffe.

DIE FOTOGRAFIE ALS MANIPULATION

Das Fotografierte konnte deswegen zum Foto werden, weil der Fotograf Augenzeuge war. Dies gibt dem Bild eine besondere Glaubwürdigkeit. Eine weitere Quelle der Glaubwürdigkeit ist der Einsatz des Fotoapparates als technisches Gerät. Dieses „fängt" und fokussiert Licht und verwandelt dieses (chemisch, elektronisch) in ein Bild um. Das Foto verbindet dadurch „Realität und Vergangenheit" (Barthes 1985, 86).

Aus diesen Zusammenhängen speist sich der Glaube an die Objektivität der Fotografie einerseits und die Stärke des Gefühls der Täuschung andererseits, wenn der implizit unterstellte Pakt zwischen dem Foto(grafen) und dem Betrachter der Fotografie gebrochen wird. Die Möglichkeiten der Bildbearbeitung sind seit der Erfindung von Photoshop im Jahr 1990 unbegrenzt (Hamann 2013b). Die Geschichte der Manipulation von Fotografien ist jedoch so alt wie die Geschichte der Fotografie. Der Übergang von Bearbeitungen zu Fälschungen ist dabei fließend. Die Auswahl eines Bildausschnitts auf der Grundlage von Kontaktabzügen vom Negativ ist fotografische bzw. redaktionelle Routine und muss noch nicht verfälschen. Auch im Prozess der Entwicklung des Positivs wird eingegriffen. Manipulationen im Sinne des Verfälschens können sich verschiedener Verfahren bedienen. Das Abgebildete kann vor dem Vorgang des Fotografierens inszeniert worden sein. Offensichtlich ist dies bei dem Foto des Meldereiters aus dem Ersten Weltkrieg, der selbst eine Gasmaske trägt, das Pferd jedoch ohne Gasmaske schutzlos bleibt. Das Foto kann aber auch nach dem Vorgang des Fotografierens bearbeitet worden sein (Beschnitt, Retusche, Photoshop). Schließlich können die gezeigten Ereignisse nur vorgeblich Quellen aus der Vergangenheit, sondern auch vollkommen reinszeniert sein. Ein auch in Schulbüchern lange häufig gezeigtes vermeintlich authentisches Originaldokument aus dem Ersten Weltkrieg ist in Wahrheit ein Standbild aus dem Film „Verdun – Visions d'histoire" von 1928. Da das Foto grundsätzlich nur zeigt, dass etwas *ist* (bzw. *war)*, nicht aber, *warum* etwas so geworden ist, wie es abgebildet ist, ergeben sich Möglichkeiten der Manipulation durch die Bildbeschriftung. Auf die Notwendigkeit und auch Problematik der historischen Kontextualisierung von grundsätzlich mehrdeutigen Fotografien hat Susan Sontag pointiert hingewiesen: „Und jedes Foto wartet auf eine Bildlegende, die es erklärt – oder fälscht" (Sontag 2003, 17). Kapitel 6 zeigt die verschiedenen methodischen Möglichkeiten im Umgang mit der Manipulation von Fotografien auf.

2. LERNEN MIT FOTOGRAFIEN – EMPFEHLUNGEN FÜR DEN UNTERRICHT

Das historische Lernen mit Fotografien ist auf mehreren Ebenen mit Schwierigkeiten konfrontiert. Diese betreffen einerseits die Präsentation der Fotografien in den Lehrbüchern wie andererseits die wahrnehmungspsychologischen Voraussetzungen beim Betrachten der Fotografien.

Grundlage der Arbeit in der Schule ist nach wie vor weitgehend das (analoge/digitale) Schulbuch. Anders als bei den Quellentexten, bei denen Kürzungen zumindest kenntlich gemacht werden, ist bei Fotografien im Schulbuch (aber auch bei webbasierten Präsentationen) nicht deutlich, ob die gezeigte Abbildung vom Negativ abweicht. Auch werden meist weder der Fotograf noch der Auftraggeber namentlich genannt. Nicht selten sind auch die Bildlegenden unzutreffend. Diese Mängel haben ihre Ursachen in der fotohistorischen Forschung, in der Bilddistribution durch die Bildarchive und Bildagenturen, aber auch in den Bearbeitungsroutinen der Schulbuchverlage. Bildagenturen agieren z. B. nicht selten nach dem Prinzip der Wirtschaftlichkeit und nicht dem der Wissenschaftlichkeit. Von daher sind die in Anlehnung an die historische Forschung in Lehrbüchern auf Methodenseiten präsentierten zum Teil umfangreichen Checklisten für den historischen Unterricht mitunter nur bedingt hilfreich. Denn die Lehrkraft verfügt aus den genannten Gründen über keine Kenntnis über den Fotografen und den Produktionskontext oder die Rezeption der Fotografie.

Im Unterricht kann und muss der Ausgangspunkt für die Arbeit mit dem Bild deswegen das Bild selbst sein. In Bezug auf den möglichen Fotografen kann z. B. die Frage gestellt werden, wer die abgebildete Situation überhaupt fotografieren konnte? Das ist relevant z. B. bei der Kriegsfotografie oder offiziellen Ereignissen (Akkreditierung, z. B. im Weißen Haus in Washington, in Lagern) oder bei Innenaufnahmen (Genehmigung des Hausherrn, z. B. in Fabriken, Institutionen ...). Der Fotograf muss beim Fotografieren den Zweck seiner Aufnahme im Blick haben. Was soll der Betrachter vor allem sehen? Denn für den imaginierten Betrachter wird die Fotografie gemacht. Soll die Aufnahme unterhalten, dokumentieren, beeinflussen, aktivieren, ausblenden, vergessen lassen ...? Und daran schließt sich an: Welche fotografischen Mittel setzt der Fotograf ein, um genau diese Zwecke zu verfolgen? Zu berücksichtigen ist aber auch: Das Foto geht nicht vollständig in der Absicht des Bildmachers auf. Er will ggf. nur ein Foto einer unbekannten Person schießen, dokumentiert aber zugleich z. B. zeitgenössische Moden (Haarschnitt, Kleidung, Gesten ...).

Die wahrnehmungspsychologischen Gewohnheiten verleiten die Betrachter zum „flüchtigen Blick auf das stehende Bild" (Weidenmann 1988). Im Alltag ist es das – mitunter lebensnotwendige – Ziel, sich schnell zu orientieren, damit umgehend, sinnvoll und zielgerichtet gehandelt werden kann. Die Vielzahl von (audiovisuellen ...) Reizen ist dabei nicht hinderlich, sondern hilft beim (vorbewussten) Abgleich, eine Eindeutigkeit bei der Beurteilung der Situation herzustellen.

Die Abläufe bei der Wahrnehmung eines Bildes sind ganz identisch mit denen im Alltag und doch ist die Situation vollkommen anders. Der Betrachter eines Bildes muss weniger Reize verarbeiten. Es bewegt sich nichts und vom Bild gehen auch keine Geräusche oder Gerüche aus. Aber auch hier will der Betrachter mit einem möglichst geringen Aufwand möglichst schnell eine Eindeutigkeit herstellen. Da z. B. von einer Fotografie einer Straße mit einer Ampel keine Gefahr ausgeht, gibt er sich damit zufrieden, erkannt zu haben, dass auf dem Bild eine Straße, ein Fußgängerübergang etc. gezeigt wird. Er bricht die Bildwahrnehmung und -interpretation umgehend ab. Diese Tendenz zur „minimalen Verarbeitung" ist insbesondere bei Bildern festzustellen, die wenig komplex gestaltet sind und das Abgebildete leicht erkennen lassen – wie eben die Fotografien. Gerade, wenn sie zeigen, was man glaubt schon zu kennen, wird der Prozess der Wahrnehmung schnell abgebrochen. Das Bild wird nicht mehr genau betrachtet oder gar analysiert.

EMPIRISCHE BEFUNDE AUS DER UNTERRICHTSBEOBACHTUNG

Geschichtsdidaktische Befunde aus Unterrichtsbeobachtungen zeigen, dass Bilder im Vergleich zu Texten weniger eingesetzt werden und der zeitliche Aufwand auch geringer ist. Bilder werden eher in der Einstiegsphase für ein motivierendes, zum Thema führendes Gespräch in der Lerngruppe genutzt. Schriftliche Arbeitsaufträge werden einer Untersuchung von Michael Sauer zufolge (Sauer 2013) zu Bildern weniger erteilt.

Empirische Erhebungen und Befunde zur Bildwahrnehmung und zur Bildinterpretation gibt es aus der Psychologie und der Geschichtsdidaktik (Bernhardt 2007/2011; Lange 2011; Sauer 2013; Moller 2018). Die Ergebnisse über den Umgang von Schülerinnen und Schülern mit Bildquellen im Geschichtsunterricht geben implizit Hinweise auf die Kompetenzziele für die Lernenden sowie auch Hinweise für ein sinnvolles methodisches Handeln der Lehrkräfte.

BESTANDSAUFNAHME

Lernende ...

- interpretieren Bilder mithilfe ihrer subjektiven Alltagstheorien und aus dem Kontext des eigenen Lebens,
- gehen davon aus, dass Bildverstehen nicht gelernt werden muss,
- betrachten Bilder oberflächlich und brechen die Bildinterpretation vorzeitig ab,
- schätzen Bilder als interessante Medien, vor allem aber als Abwechslung zu Texten,
- halten Texte jedoch für glaubwürdiger/seriöser als Bilder,
- erinnern sich an Bilder besser als an Texte,
- betrachten Bilder als Abbilder der Vergangenheit,
- nehmen nicht wahr, dass Bilder von Bildautoren mit Absichten angefertigt werden,
- gehen bei der Interpretation nicht methodisch vor,
- finden individuelle Lernwege anregender als ein schematisches Vorgehen,
- verbleiben bei der Bildbeschreibung in der Konkretion und nutzen abstrakte Begriffe selten,
- beschreiben nicht den Gesamtzusammenhang des Bildes, sondern nur eher Teile.

KOMPETENZZIELE

Lernende ...

- beschreiben Bilder sprachlich und sachlich angemessen,
- unterscheiden, beschreiben und interpretieren Bildgegenstand und Bildgestaltung,
- erklären das Bild als Ergebnis einer Absicht eines Bildautors und beurteilen das Ergebnis,
- arbeiten die Perspektivität des Bildes heraus,
- beziehen Informationen aus dem Kontext (Bildlegende, Darstellungstext ...) bei ihrer Analyse und Interpretation ein,
- ordnen das Bild in eine historische Geschichte ein und erzählen diese,
- beschreiben und erklären die Unterschiede zwischen Bild und Text bei einer Darbietung desselben historischen Sachverhalts,
- charakterisieren Bilder als Quelle und beurteilen den Quellenwert des Bildes,
- charakterisieren Bilder als Symbole und beurteilen die mit dem Bild verbundene Narration,
- charakterisieren Bilder als Waffen und beurteilen diese Bildfunktion.

METHODISCHE FOLGERUNGEN

Die Didaktikerin Kristina Lange (Lange 2011) betont, dass die gängigen Bildinterpretationsschemata der Geschichtsdidaktik Adaptionen von Modellen aus der Kunstgeschichte sind, welche für Expertinnen und Experten entwickelt worden waren, nicht aber für Schülerinnen und Schüler. Und sie betont auf der Grundlage ihrer Unterrichtsbeobachtungen, dass das schematische Abarbeiten der theoriegeleiteten Modelle nicht immer und nicht für alle motivierend sei und hinterfragt den Lernertrag eines solchen strikt systematisierten Vorgehens. Auch Markus Bernhardt und Sabine Moller regen an, die Potenziale, Fähigkeiten und Fertigkeiten der Lernenden bei der methodischen Ausgestaltung des Unterrichts stärker zu berücksichtigen. Die „subjektiven Bild-Assoziationen“, so Sabine Moller, bergen ein

„enormes geschichtsdidaktisches Potential" auch jenseits ihrer Funktion, Interesse und Motivation zu stärken. Aus ihnen können „ganz gezielt historisches Fragestellungen" entwickelt werden, „die dann mit fachspezifischen Inhalten und Methoden verknüpft werden" (Moller 2018, 199). Um dem „flüchtigen Blick auf das stehende Bild" methodisch adäquat begegnen zu können, hilft eine Anregung aus der Forschung zur Medienrezeption. Aufmerksamkeit und Neugier könnten bei Rezipienten dann geweckt werden, „wenn moderat inkonsistente und damit ‚widerständige' Medieninhalte" präsentiert werden. Da Fotografien über diese Eigenschaft zumeist nicht verfügen, sollte demzufolge die Lehrkraft über methodische Arrangements den „flüchtigen Blick" bewusst „verunsichern", um zu „einer vertieften Auseinandersetzung mit dem Inhalt" zu kommen (Moller 2018, 48; mit Bezug auf Schwan 2014, 194). Der bildkompetente Unterricht hat also einen doppelten Fokus, nämlich Kristina Lange betont aber auch: „Wenn Schüler auf sich allein gestellt und ohne Anleitung einer Lehrkraft mit Bildquellen arbeiten, erreichen sie teilweise nur eine geringe Verarbeitungstiefe" (Lange 2013, 43). Das folgende Modell schlägt deswegen zentrale Schritte für einen systematischen Umgang mit der Fotografie im Unterricht vor. Während die Rubriken von Bildwahrnehmung bis Bildautor relevant für den Kompetenzerwerb mit allen Bildtypen sind, sind die Rubriken Fotografie als Quelle, Symbol und als Bildakt/Waffe nur wahlweise zu berücksichtigen. Die Operationen der Bildinterpretation können verknüpft werden mit den methodischen Vorschlägen in Kapitel 7 (z. B. „Lernende betrachten Bilder nur oberflächlich", methodische Vorschläge: Bildlegende I, II, Experten-Palaver, Fünf-Sinne-Check, Ich sehe was, was du nicht siehst, Gegenbild ...). In den Kapiteln zu den jeweiligen Fotografien finden sich methodische Anregungen. Manche von diesen sind kursiv geschrieben. Diese werden im Methodenpool erläutert.

Bild	*und*	Blick
Merkmale des Bildes	*und*	Vorwissen Lernender
Interpretationsmodelle	*und*	Subjektorientierung

LEHRANREGUNGEN

Lehrende ...

- geben den Lernenden Gelegenheit und Zeit für individuelle Assoziationen bzw. persönliche Wahrnehmungen und Fragen,
- nutzen kognitive Dissonanzen (widersprüchliche Wahrnehmungen, Empfindungen, Wertungen) als Lernanreiz (z. B. Wahrnehmung der Unterschiede zum Heute u. a.),
- greifen subjektive Vorstellungen, Vorwissen/Thesen von Lernenden auf,
- vergleichen diese während des Interpretationsprozesses mit gesicherten Aussagen,
- regen die Lernenden an, über die Unterschiede zu reflektieren,
- agieren bei der Bildinterpretation methodisch flexibel,
- stellen (auch schon) bei der Beschreibung wie dann bei der Analyse und Interpretation Begleitinformationen zur Verfügung,
- erläutern Lernenden Sinn und Mehrwert der Interpretation von historischen Bildern,
- setzen Bilder auch in der Erarbeitungsphase ein,
- arbeiten heraus, dass Interpretationen unterschiedlich ausfallen und dennoch plausibel sein können,
- geben sprachliche Hilfen (Begriffe, Satzanfänge, Textbausteine, Verben, Strukturierungshilfen) bei der Beschreibung, Analyse, Interpretation des Bildes,
- wenden unterschiedliche Methoden an, um leistungsdifferente Schüler gleichermaßen zu fördern,
- wenden unterschiedliche Analysekategorien an (Gender, Status, Ethnie/Kultur ...),
- geben den Lernenden die Gelegenheit, über das eigene Lernen (Lernweg, Lernstrategie, Lernerfolge) nachzudenken.

OPERATIONEN DER BILDINTERPRETATION BEIM HISTORISCHEN LERNEN

<table>
<tr><td rowspan="3">Die Fotografie</td><td rowspan="3">Wahrnehmen – Beschreiben</td><td>Bildwahrnehmung („Selbstgespräch")
• Erkenne ich mir (Un-)Bekanntes?
• Was ist anders als heute – genauso wie heute?
• Was interessiert mich, worüber möchte ich etwas erfahren?</td><td>• Assoziationen, Empfindungen entwickeln, wahrnehmen
• Einzelne Elemente des Abgebildeten (vorbewusst) identifizieren und (bewusst) benennen</td><td rowspan="5">Methodenpool (S. 106–112)</td></tr>
<tr><td>Abbild
• Was sehe ich (Personen, Gegenstände ...)?
• Was sehen die Fotografierten?
• Was sehe ich nicht (Ausschnitt)?</td><td rowspan="2">• Versprachlichung: Einzelne Elemente benennen sowie das gesamte Bild (Inhalt, Gestaltung) beschreiben
• Sprachliche Unterstützung: Worthilfen, Formulierungshilfen
• Zusatzinformationen (im Dialog, im Plenum)</td></tr>
<tr><td>Bildgestaltung
• Wie ist die Fotografie gestaltet (Auf-, Untersicht, Totale, Nahsicht ...)?
• Wie hätte das Abgebildete auch anders dargestellt werden können?
• Gibt es Anzeichen für eine Manipulation (Inszenierung, Retusche, Ausschnitt ...)?</td></tr>
<tr><td rowspan="2">Kontext der Fotografie</td><td rowspan="2">Analysieren</td><td>Bildumgebung (Kon-Text)
• Welche Hinweise zur Fotografie geben Titel, Legende, Darstellung, Quellen ...?
• Bestätigen diese das Gezeigte (nicht)?</td><td>• Sichtung und Sammlung von Informationen aus dem Lehrwerk</td></tr>
<tr><td>Bildautor
• Warum hat der Fotograf das Abgebildete (so und nicht etwas anderes, auf andere Art und Weise) fotografiert?
• Für welchen Zweck/für wen wurde die Aufnahme vermutlich gemacht: Werbung, Dokumentation, Propaganda, Erinnerung ...?
• Wer konnte vor Ort überhaupt fotografieren?</td><td>• Vom Gegenstand, von der Gestaltung der Fotografie aus auf den möglichen Fotografen und dessen Absicht/Auftrag schließen
• Perspektivität analysieren und beurteilen</td></tr>
</table>

<table>
<tr><th colspan="3">Quelle – Symbol – Bildakt/Waffe (Optionen)</th></tr>
<tr><td rowspan="3">Interpretieren – Erörtern – Erzählen</td><td>Bild als Quelle
• Was könnte vor dem Augenblick der Momentaufnahme und danach passiert sein (Vor- und Nachgeschichte)?
• In welche umfassendere Geschichte kann das Fotografie sinnvoll integriert werden?</td><td>• Sinn konstruieren (interpretieren): Den fotografischen Augenblick in einen historischen Ablauf integrieren
• Sinngebend erzählen: Eine auf die Fotografie bezogene schlüssige historische Erzählung (Ursache, Folge/n, Lösungen) entwickeln</td></tr>
<tr><td>Bild als Symbol (Geschichtskultur)
• Warum wird die Fotografie häufig abgebildet? (Wird sie dabei verändert, bearbeitet?)
• Auf welche historischen Sachverhalte bezieht sich die Fotografie?
• Welche historische Erzählung (Interpretation, Botschaft) wird mit der Fotografie verbunden? Kann ich dieser zustimmen? Sind andere denkbar?
• Welche Eigenschaften hat die Fotografie, die sie zum Symbol werden lassen?
• Welche Funktionen haben Symbole?</td><td>• Sinngebung rekonstruieren: Den fotografischen Augenblick in eine symbolische Erzählung integrieren
• Sinngebung erörtern: Die symbolische Erzählung untersuchen (auf Fotografie beziehen) und beurteilen
• Funktionen von Symbolen erläutern (Komplexitätsreduktion, Integration, Wertung ...)</td></tr>
<tr><td>Bild als Akt und Waffe
• Wie beeinflusst das Bild unsere Wahrnehmung von Vergangenheit bzw. Geschichte?
• Wird die Fotografie als Waffe benutzt?
• Warum ist sie als Waffe geeignet?
• Wie können Konfliktparteien Bildern, die „Waffen“ sind, angemessen begegnen?</td><td>• Sinn rekonstruieren: Den fotografischen Augenblick in eine politische Erzählung integrieren
• Sinngebung erörtern: Die politische Erzählung untersuchen (auf Fotografie beziehen) und beurteilen</td></tr>
</table>

CHRONOLOGISCHE ÜBERSICHT DER DIDAKTISCHEN SCHWERPUNKTE IN DEN KAPITELN

Jahr	Fotografie	Schwerpunkt
1913	Homosexualität und Militär	Funktionen privater Fotografie
1914	Attentat auf das Thronfolgerpaar	Die Gründe der Kanonisierung eines Medienbildes; der Quellenwert von Bildern; Bildmuster der Boulevardpresse
1914	„Augusterlebnis“ – Kriegsausbruch Berlin	Die Repräsentativität eines Fotos für einen historischen Sachverhalt
1916	Muslimische Kriegsgefangene im Deutschen Reich	Die Fotografie als Quelle für den rassistischen Blick
1918	Die Ausrufung der Republik	Der Vergleich von Bild- und Textquellen; Analyse des Fotos
1928	Verdun – Visions d'histoire	Das Foto als Standbild aus einem Film; Inszenierung des Krieges
1933	Fackelzug durch das Brandenburger Tor	Das Foto als Standbild aus einem Film; Inszenierung der Machtübernahme
1933	Gleichschaltung – ein Opfer	Die Geschichte hinter der fotografischen Quelle

1934/35	„Triumph des Willens" – NS-Reichsparteitag	Das filmische Standbild als (doppelte) Inszenierung der „Volksgemeinschaft"
1941	Ostfront – die deutsche Propaganda	Die Auswahl und Kombination von Fotos als Waffe der NS-Propaganda
1941	Rückzug der deutschen Wehrmacht vor Moskau	Eine sowjetische Bildinszenierung als Mittel der Propaganda
1942	Ostfront – die sowjetische Propaganda	Die Auswahl und Kombination von Fotos als Waffe der sowjetischen Propaganda
1942	Sowjetische Kriegsgefangene	NS-Bildinszenierung als Mittel der Propaganda
1942	Exekution im Zweiten Weltkrieg	Die Motive des Fotografierens – Fotografie und Ethik
1943	Der Junge aus dem Warschauer Ghetto	Die Bildmuster als Grund der Kanonisierung eines Fotos; geschichtskulturelle Rezeptionen
1944	Bombenkrieg	Die Instrumentalisierung der grundsätzlich vieldeutigen Fotografie durch Kon-Texte
1944	Selektion in Auschwitz-Birkenau	Eine vergleichende Analyse eines identischen Motivs in unterschiedlichen Mediengenres
1948	Unabhängigkeitskrieg – Nakba	Multiperspektive Kommentare zu einer Fotografie
1950	Entnazifizierung	Bildbearbeitung; Opa war (k)ein Nazi?
1953	David gegen Goliath	Manipulation durch Ausschnittvergrößerung
1961	Sprung in die Freiheit	Die geschichtskulturelle Rezeption eines Fotos und seine Funktion als Symbol
1961	Das Brandenburger Tor – West	Manipulation durch Perspektivität, Ausschnittvergrößerung und Inszenierung
1976	Das Brandenburger Tor – Ost	Manipulation durch Motivwahl und -gestaltung
1977	Die Ermordung Hanns Martin Schleyers	Fotografie und Ethik; ikonografische Traditionen
1987	Vertragsarbeiter in der DDR	Die Überprüfung einer Forschungsthese am Beispiel einer Fotografie
1987	Schuss und Gegenschuss – Blicke der Überwachung: die Stasi	Die Fotografie als Mittel politischer Überwachung und des Widerstands
1988	Born in the USA – Springsteen in der DDR	Die Fotografie als Mittel politischer Opposition
1989	„Tag der Entscheidung"	Foto und Film als Ermutigung zum Widerstand
2001	Bilderkrieg – Nine Eleven	Die Fotografie als Mittel in asymmetrischen Konflikten
2004	Bilder als visueller Terror	Die Fotografie als Mittel des Terrors; Fotojournalismus und Ethik
2011	„Street Fighting Man" in Ostjerusalem?	Die Fotografie als Mittel in asymmetrischen Konflikten
2011	Situation Room – Tötung Osama bin Ladens	Die Fotografie als Gegenbild im Bilderkrieg
2015	Festung Europa	Die Macht der Bilder; Fotojournalismus und Ethik

SCHEMA DER INFORMATIONEN – ERLÄUTERUNGEN ZUM VORGEHEN

Fotografien sprechen nicht für sich, sie „erzählen nichts". Vielmehr müssen sie kontextualisiert werden, um sinnvoll rezipiert werden zu können. Dabei kann der Kontext der Produktion (Vergangenheit) oder der Kontext der Rezeption (z. B. Gegenwart oder auch verschiedene vergangene Formen von Rezeptionsgegenwart) unterschieden werden. In jedem Falle bedarf es der kontextualisierenden Ergänzung durch weitere Materialien. Deswegen werden zu jeder Fotografie weitere Quellen, aber auch Darstellungen zur Verfügung gestellt.

Fotograf	Die Bildagenturen und -archive arbeiten nicht selten eher wirtschafts- als wissenschaftsorientiert. So ist bei den Fotografien der Name des Bildautors nicht immer angegeben oder zu ermitteln. Der Name selbst ist – von wenigen Ausnahmen abgesehen – auch wenig aussagefähig. Wichtiger sind deshalb Informationen über den Status des Fotografen: Wurde die Fotografie von einem Knipser, einem Amateurfotografen gemacht oder von einem professionellen Fotografen (z. B. Studio-, Presse-, Propagandafotografie)? Dies wurde bei den Bildbeispielen so weit wie möglich ermittelt.
Titel/Bildlegende	Wann immer dies möglich war, wurde die Bildlegende verwendet, die bei einer zeitgenössischen Publikation angegeben wurde. Diese steht in Anführungszeichen. Da die Aufnahmen jedoch meist als einzelne Abzüge in den Bildagenturen und -archiven vorliegen und nicht im Kontext ihrer Veröffentlichung, wurde auch auf die dort genannten Titel zurückgegriffen.
Ort, Zeitpunkt	Die Benennung des Ortes und des Aufnahmedatums sowie des Aufnahmezeitraums wurden so präzise wie möglich vorgenommen. Dennoch müssen manche Angaben vage bleiben (z. B. „Ostfront"), da Angaben – auch zum Zeitpunkt der Aufnahme des Bildes – nicht vorliegen und/oder nicht zutreffend sind.
Veröffentlichung	Sofern Agenturen und Archive den Veröffentlichungsort angeben, wurde dieser genannt. In einzelnen Fällen konnte dieser durch die Angaben auf der Fotografie ermittelt werden.
Bildbeschreibung	In nahezu allen Fällen folgt die Bildbeschreibung dem Prinzip, nur dasjenige zu benennen, was zu sehen ist. Nur wenn sinnvolle Kontextinformationen vorlagen, wurden diese ergänzt.
Historischer Kontext	Es werden jeweils die historischen Zusammenhänge knapp skizziert. Bei historischen Sachverhalten, die allgemein bekannt sind (z. B. Machtübergabe 1933), wurde auf eine Kontextualisierung verzichtet. Sofern es von Relevanz ist, wurde der Schwerpunkt auf medienhistorische Bezüge gelegt und/oder Anmerkungen zur Rezeption wurden gemacht.
Deutung	Bei der Deutung des Bildes wird jeweils ein (didaktischer) Schwerpunkt gesetzt.
Anregungen für den Unterricht	Die Hinweise verstehen sich als Anregungen und Ideen, die bei der Arbeit mit den Fotografien erweitert und/oder ergänzt werden können (vgl. Kapitel 7). Die Arbeitsvorschläge müssen an die Lerngruppe angepasst werden und können modifiziert werden. Es werden einerseits Methoden vorgeschlagen, wie sie in der Didaktik der Geschichte bekannt sind, aber es werden auch – sofern sie geschichtsdidaktische Funktionen erfüllen – solche aus der Kunstdidaktik rezipiert. Die Anregungen richten sich an Lehrkräfte der Sekundarstufen. Wenn dies sinnvoll erscheint, werden mögliche Gegenwartsbezüge vorgeschlagen. Kursiv geschriebene Begriffe verweisen auf erläuterte Methodenvorschläge des Kapitels 7. Diese – zum Teil auch spielerischen – Handlungsempfehlungen können eingesetzt werden in verschiedenen Phasen der Auseinandersetzung mit dem Bild (Wahrnehmen, Beschreiben, Analysieren, Interpretieren, Erörtern, Erzählen, Urteilen).

3. DIE FOTOGRAFIE ALS QUELLE

HOMOSEXUALITÄT UND MILITÄR, 1913

Fotograf	Guido Schubert, Studiofotograf
Titel/Bildlegende	–
Ort	Thorn (heute: Toruń, Polen)
Zeitpunkt	1913
Veröffentlichung	Privatfotografie
Bildbeschreibung	Zwei Soldaten des deutschen Heeres stehen in einem Studio eines Fotografen Positur. Im Hintergrund ist eine Bildleinwand zu sehen, die ein Zimmer simuliert, sowie links die Kante eines Tisches. Der etwas älter wirkende Soldat sitzt auf einem Stuhl und stemmt die linke Hand in die Hüfte. Die rechte Hand umfasst die Finger des stehenden Soldaten. Beide sehen frontal in die Kamera.
Historischer Kontext	Das Heer des Deutschen Reiches hatte 1913 eine Mannstärke von 663.000 Soldaten. Es genoss vor 1914 ein hohes gesellschaftliches Ansehen, namentlich das Offizierskorps galt als „Erster Stand im Staate". Die politische Grundhaltung der Offiziere war konservativ-monarchisch und antiparlamentarisch bzw. antisozialistisch. Im Deutschen Reich galt das Militär als „Schule der Männlichkeit". „Das höchste Gut im Militär war", so Ute Frevert, „die Ehre des Vaterlandes, aber es gab auch Handfesteres: das Leben des verwundeten Kameraden, die sexuelle Integrität der Schwester. Mut und Opferwille waren nötig, um dieses Heldentum zu praktizieren, außerdem Disziplin, Selbstbeherrschung, Zuverlässigkeit und Gehorsam. Umrahmt wurde dieser Kern von einem Kranz bürgerlicher Sekundärtugenden: Sauberkeit, Fleiß, Ordnungssinn, Pünktlichkeit, Sparsamkeit. [...] das Tabu der Homosexualität" (Frevert 2008, 70 f.).
Deutung	Die Aufnahme lebt vom Kontrast zwischen der bewegungsstarren Haltung der Soldaten und ihrer Uniform als Ausdruck eines militärisch-männlichen Habitus einerseits und der intim-vertraulichen Berührung der beiden Hände andererseits. Diese Geste passt nicht ins konventionelle fotografische Tableau eines Soldatenbildnisses, ist aber durchaus üblich bei Fotografien von (heterosexuellen) Ehepaaren. Die Geste weicht stark vom visuellen Topos des (kernigen) Handschlags unter Männern ab. Die Positionierung der beiden Männer als Sitzender bzw. Stehender mag eine Status- bzw. Rollenzuweisung andeuten.
Anregungen für den Unterricht	• Assoziationen zum Thema „Soldat sein" • M1: *Cluster* • M2, M3, M4: Analyse der Situation von Homosexuellen vor 1914 • M1: *Interview* Lebensalltag Homosexueller 1914/im Militär (mutmaßliche) Funktion der historischen Fotografie • M5: Homosexualität/Homophobie und Wehrdienst heute

M1 Soldatenbildnis, 1913

Fotograf: Guido Schubert, 1913 (Schwules Museum Berlin)

M2 Strafgesetzbuch von 1871, § 175

Die widernatürliche Unzucht, welche zwischen Personen männlichen Geschlechts oder von Menschen mit Thieren begangen wird, ist mit Gefängnis zu bestrafen; auch kann auf Verlust der bürgerlichen Ehrenrechte erkannt werden.

M3 Vergehen nach § 175 StGB (1902–1918)

Jahr	Verurteilte	Jahr	Verurteilte
1902	613	1911	708
1903	600	1912	761
1904	570	1913	698
1905	605	1914	631
1907	612	1915	297
1908	658	1916	318
1909	677	1917	166
1910	732	1918	118

§ 175, https://de.wikipedia.org/wiki/%C2 %A7_175

M4 Soldaten des deutschen Heeres und Männlichkeit vor 1914

Die dominanten männlichen Ideale legten besonderen Wert auf Härte und die Beherrschung der eigenen Emotionen, und deutsche Militärführer wie zivile Organisationen versuchten, das Bild des heterosexuellen und selbstaufopfernden Kriegers zu stärken, der sich voll und ganz auf die Verteidigung der Nation konzentriert.
Dieses Bild des harten Frontsoldaten wurde in den populären Medien allgegenwärtig, und es war ein Grundpfeiler der Nachkriegsmythen vom rauen „Neuen Mann", den die Schrecken des Krieges hervorgebracht hätten.
Im Deutschen Reich wurden junge Männer indoktriniert, „verweiblichte" Emotionen wie Liebe und Mitgefühl unter Kontrolle zu halten, während sie sich als Krieger für das Vaterland opferten. Ärzte, Lehrer und Politiker unterstützten diese Vorstellung von „Männlichkeit", die als Gegensatz zu „degenerierten" Gruppen definiert wurde, unter anderem zu sexuell freizügigen Männern, Homosexuellen und anderen „Abweichlern", die, so wurde argumentiert, zu hedonistisch und zu sehr mit sich selbst beschäftigt seien, um sich der Nation zu widmen.

Jason Crouthamel: Deutsche Soldaten und „Männlichkeit" im Ersten Weltkrieg, in: Aus Politik und Zeitgeschichte, 16–17, 2014

M5 Allgemeines Gleichbehandlungsgesetz (AGG), 2006

§ 1: Ziel des Gesetzes ist, Benachteiligungen aus Gründen der Rasse oder wegen der ethnischen Herkunft, des Geschlechts, der Religion oder Weltanschauung, einer Behinderung, des Alters oder der sexuellen Identität zu verhindern oder zu beseitigen.

ATTENTAT AUF DAS THRONFOLGERPAAR, 1914

Fotograf	Walter Tausch, Pressefotograf
Titel/Bildlegende	„Die Ermordung des Thronfolgers und seiner Gemahlin: Die Festnahme des Mörders Princip" (Wiener Bilder) „Die Tragödie von Sarajewo: Die Verhaftung des Doppelmörders Gavrilo Princip, der nach seiner furchtbaren Tat von der erbitterten Menge fast gelyncht wurde." (Österreichische Illustrierte Zeitung)
Ort	Sarajewo
Zeitpunkt	28. Juni 1914
Veröffentlichung	Wiener Bilder (Illustriertes Sonntagsblatt), 5. Juli 1914, Titelseite Österreichische Illustrierte Zeitung, 5. Juli 1914, S. 1078
Bildbeschreibung	Abgebildet sind drei Personengruppen und eine zentral positionierte Person auf der Straße vor einem Gebäude. Im Bildvordergrund bewegen sich zehn Männer, im Bildhintergrund ist eine unspezifische Menschenmenge zu erkennen. Die Gruppe vorne befindet sich in dynamischer Bewegung nach rechts. Circa fünf Männer in Volkstrachten mit dem Fez als Kopfbedeckung umringen drei (eventuell vier) Uniformierte sowie zwei Zivilisten. Einer der beiden (im Bild ganz rechts) führt gemeinsam mit einem Uniformierten den – offensichtlich festgenommenen – anderen Zivilisten nach rechts dem Eingang eines Gebäudes entgegen. Der der Kamera am nächsten stehende Uniformierte hält einen zueilenden Mann zurück, um die Festnahme des Mannes in Zivil zu gewährleisten. Zwei weitere Männer in Trachten drängen in Richtung des Festgenommenen.
Historischer Kontext	Der österreichische Thronfolger Erzherzog Franz Ferdinand und seine Frau Sophie besuchten am 28. Juni 1914 Sarajewo im seit 1908 von der K.-u.-k.-Monarchie annektierten Landesteil Bosnien. Bei der Fahrt des Autokonvois zum Rathaus kam es zu einem ersten Attentatsversuch durch eine Bombenexplosion. Bei der Fahrt zum Krankenhaus, wo der Thronfolger mit seiner Frau einen beim Bombenanschlag Verwundeten besuchen wollte, feuerte Gavrilo Princip (1894–1918), ein Bosnier serbischer Nationalität, aus einer Menschenmenge in nächster Nähe zwei Schüsse auf das Thronfolgerpaar. Princip wurde, kurz bevor er sich das Leben zu nehmen versuchte, von umstehenden Passanten geschlagen, mit Spazierstöcken traktiert und nahezu gelyncht, bevor er festgenommen und im Gefängnis von Sarajewo (M1) inhaftiert (und auch dort geschlagen) wurde (Illustrierte Kronen-Zeitung, 30.6.1914).
Deutung	Die ikonische Fotografie erschien erstmals eine Woche nach dem Attentat in zwei illustrierten Zeitungen Österreichs. Der Vergleich der beiden Aufnahmen (M1, M2) zeigt ein häufig anzutreffendes Beispiel der Veröffentlichung von spannungsgeladenen Bildmotiven: Durch eine Ausschnittvergrößerung (M1) wird der Fokus auf das zentrale Motiv gelegt, eine dramatisierende Bildwirkung auf den Betrachter gestärkt. Der Eindruck von Dynamik wie Authentizität wird außerdem durch die partielle Unschärfe der Aufnahme betont. Der Vergleich mit M3 zeigt den medienstrategischen Vorzug von M1. Bei einer dieser frühen Veröffentlichungen wird der Name des Fotografen noch zutreffend erwähnt, nämlich Walter Tausch aus Sarajewo. In der Rezeption der Aufnahme wird bis heute in der Regel entweder kein Name genannt oder wenn ein Name fällt, fast immer der falsche. Die Bildlegende in der illustrierten Wochenzeitung Wiener Bilder gibt vor, dass das Bild die Verhaftung Princips zeigt.

Deutung	Tatsächlich zeigt es aber die Festnahme des unbeteiligten Zuschauers Ferdinand Behr (M10). Vom Attentat selbst gibt es keine Fotos, sondern allein Zeichnungen (M4), die auf der Grundlage von Augenzeugenberichten frei gestaltet in der zeitgenössischen Boulevardpresse publiziert worden waren. Diese werden heute – ohne dass die Medienspezifik dieser Quellen und Publikationskontexte methodisch problematisiert wird – in Lehrwerken für den Geschichtsunterricht publiziert. Der Vergleich der Abbildungen M1–M3 kann von der Frage geleitet sein, warum sich das bekannte Bild in der Rezeption als das ikonische durchgesetzt hat. Das Foto entspricht einerseits in seiner Gestaltung als Bild am ehesten den Erfordernissen eines Medienbildes (siehe oben und vgl. Kapitel 2). Die Fotografie erfüllt als Abbild zudem eine doppelte Funktion: Sie spiegelt (vermeintlich) die Unmittelbarkeit einer gefahrvollen Situation wider und bedient damit die Sensationslust des Publikums. Zugleich aber vermittelt die Aufnahme auch das Gegenteil und damit auch ein weiteres Bedürfnis: Die Bedrohung ist vorüber und der Täter wurde gefasst. Die Titelseite (M4) befriedigt das Informationsbedürfnis des Käufers und visualisiert den Moment der „ruchlosen" Tat. Alle folgenden Bilder (M5–M9) bekräftigen immer erneut die oben skizzierte Botschaft: Die Täter sind gefasst und identifiziert – das „Böse bekommt ein Gesicht" (Klonk 2017, 65). Die Täter werden verhört sowie ihrer gerechten wie rechtmäßigen Strafe zugeführt. Die Gefahr ist gebannt. Die Monarchie hat ihre Handlungsfähigkeit bewiesen, ihr Gewaltmonopol bekräftigt, die Sicherheit der Bevölkerung ist gewährleistet. Die Bildstrategie der Boulevardpresse folgt also dem verkaufsfördernden Muster, einerseits die Affekte zu stimulieren und andererseits diese zu beruhigen. Grundlegende Einsicht: Medienbilder haben häufig ikonische Eigenschaften, die die Rezeption begünstigen. Diese sind ggf. wichtiger als die empirische Triftigkeit bzw. der Quellenwert des Bildes. Die Bildberichterstattung über Anschläge folgt auch heute noch angewendeten (vgl. Kapitel Situation Room) Bildstrategien.
Anregungen für den Unterricht	• M1–M3: Bildbeschreibung (z. B. *Adjektivliste, Cluster, Brief, Fünf-Sinne-Check*) • M1: Diskussion der Gründe der Kanonisierung von M1 (Einbezug M10) • M4–M9: Analyse der Bilder(-reihung) als Ausdruck visueller Strategien (Bildmuster) der zeitgenössischen Boulevardpresse

M1 Die Verhaftung von Ferdinand Behr I

Nr. 27. Wien, Sonntag, 5. Juli 1914. XIX. Jahrgang.

V. Chiavacci

Wiener Bilder

Illustriertes Familienblatt

Die Ermordung des Thronfolgers und seiner Gemahlin in Sarajevo: Die Festnahme des Mörders Prinzip.

32 Bilder vom Aufenthalte des Thronfolgerpaares in Bosnien und der Ermordung desselben in Sarajevo.

Fotograf: Walter Tausch, Wiener Bilder. Illustriertes Familienblatt, 5.7.1914, Nr. 27, Titelseite

M2 Die Verhaftung von Ferdinand Behr II

Fotograf: Walter Tausch, Österreichische Illustrierte Zeitung, 5.7.1914, Heft 39, S. 1078

M3 Die Verhaftung des zweiten Attentäters Nedeljko Čabrinović

Fotograf: unbekannt (Fotoagentur: Carl Seebald), Österreichische Illustrierte Zeitung, 12.7.1914, Heft 40, S. 1110

M4 „Das Attentat von Sarajewo“

Ein Exemplar 4 Heller.
15. Jahrgang. Nr. 5204.

Illustrierte Kronen Zeitung

Monatlich Krone 1.20 mit Zustellung ins Haus.

Wien, Dienstag, den 30. Juni 1914.

Redaktion: Wien, IX/1, Pramergasse 28.

Das Standrecht in Sarajewo verhängt.
Große Demonstrationen gegen die Serben.

Illustrierte Kronen-Zeitung, 30.6.1914, Nr. 5204, Titelseite

M5 „Die empörte Menge will den Mörder Princip lynchen“

Illustrierte Kronen-Zeitung, 30.6.1914, Nr. 5203, S. 5

M6 „Die Eskortierung Princips“

Illustrierte Kronen-Zeitung, 2.7.1914, Nr. 5206, S. 5

M7 „Das Verhör des Mörders Prinzip“

Illustrierte Kronen-Zeitung, 1.7.1914, Nr. 5204, S. 9

M8 Erkennungsbilder der Täter

Illustrierte Kronen-Zeitung, 3.7.1914, Nr. 5207, S. 3, 4

M9 Princip bei der Urteilsverkündung, Oktober 1914

Wiener Bilder. Illustriertes Familienblatt, 1.11.1914, Nr. 44, S. 8

M 10 Ferdinand Behr: Das Auge des Attentats von Sarajewo

[...] als plötzlich die Schüsse fielen. Es folgte ein heilloses Durcheinander. Offiziere und Polizisten zogen ihre Säbel und schlugen auf Princip ein, der, da die Schläge sehr brutal waren, kurz darauf zu Boden ging. Bald darauf bekam auch ich die furchtbaren Hiebe auf meinem Rücken zu spüren. Princip war sofort blutüberströmt. Das alles spielte sich innerhalb weniger Augenblicke ab, Princip lag am Boden, und die damalige Polizei und Bevölkerung prügelten wütend auf ihn ein. Damals war etwas in mir zerbrochen. Ich packte einen der Offiziere mit gelbem Abzeichen fest am Arm und schrie auf Deutsch: *„Lassen Sie ihn!"* Doch genau in diesem Moment bekam ich Schläge auf Kopf und Rücken und die Wut der Menge, der Polizisten und Offiziere prasselte auf mich nieder. Mit ihren Säbeln, Stöcken und Fäusten prügelten sie auf mich ein. Ich war voller Blut. Drei damalige Polizisten packten mich am Genick und an den Armen und schleiften mich zum Polizeigefängnis beim Gemeindepalais. Auf dem Weg dorthin musste ich weitere Schläge einstecken. Die Menge schien zu wetteifern, wer am heftigsten auf mich einprügeln konnte. [...] Später habe ich [...] eine Fotografie gesehen, die angeblich zeigt, wie Princip von Wärtern ins Gefängnis gebracht wurde. Zu meiner großen Überraschung erkannte ich mich selbst, wie ich von Polizisten abgeführt werde. Der Fotograf hatte wohl jenen Moment erwischt, als ich ins Gefängnis gebracht worden war, denn ich traf dort etwas früher ein als Princip, so dass es sich um eine Verwechslung handelt. Das kann im Übrigen jeder, der Princip kannte, leicht erkennen, da dieser klein gewachsen war, wohingegen ich bereits damals, so wie heute, groß und dünn gewesen bin.

Ferdo Ber (= Ferdinand Behr): Oko Sarajevskog atentat, in: Pregled [Sarajevo: Nova tiskara Vrček], IX, Nr. 81, September 1930, S. 609, 611 (Übersetzung aus dem Serbischen von Monika Milosavljic, Berlin. Ich danke der Übersetzerin recht herzlich.)

Alle Bilder aus: ANNO/Österreichische Nationalbibliothek

MUSLIMISCHE KRIEGSGEFANGENE IM DEUTSCHEN REICH, 1916

Fotograf	Alfred Grohs (1880–1935), Pressefotograf
Titel/Bildlegende	„Typen aus dem Gefangenenlager in Zossen"
Ort	Kriegsgefangenenlager Zossen südlich von Berlin
Zeitpunkt	1916
Veröffentlichung	Bildpostkarte
Bildbeschreibung	Abgebildet sind sieben Männer in unterschiedlicher Kleidung (z. T. Uniformen), die vor einer Holzbaracke in einer Reihe angetreten sind. Die Personen gehören unterschiedlichen Ethnien an. Auf die Postkarte ist eine Bildlegende platziert, die die geografische Herkunft der Männer benennt und zugleich im Titel auf den Ort der Aufnahme verweist. Es handelt sich um Kriegsgefangene des britischen und französischen Kolonialreiches. Zudem sind auf der Frontseite der Bildpostkarte folgende Hinweise angegeben: „Zensiert Paul Hoffmann & Co, Berlin-Schöneberg"; „N.V.E." und eine (halb verdeckte) Bildnummer. Das Kürzel N.V.E. steht für „Neuheiten Vertrieb Elektra".
Historischer Kontext	1914/15 wurden 20 Kilometer südlich von Berlin (Zossen und Wünsdorf) zwei „Sonderlager" für Kriegsgefangene überwiegend muslimischen Glaubens aus den Kolonien Frankreichs und Großbritanniens (auch Hindus und Sikhs) sowie aus dem russischen Staatsgebiet untergebracht (Halbmondlager, Weinberglager). Die beiden Lager waren für 12.000 bzw. 4.000 Internierte ausgelegt. In diesen „Sonderlagern" wurde das politische Ziel verfolgt, die Internierten als Verbündete und Mitstreiter des Deutschen Reiches zu gewinnen, um sie gegen ihre Kolonialherren einsetzen zu können (z. B. Anwerbung der Muslime zum „Heiligen Krieg"/Dschihad gegen die Kolonialmächte, Provokation von Aufständen). Im Halbmondlager wurde 1915 die erste Moschee im Deutschen Reich errichtet, welche ausschließlich religiös-kultischen Zwecken diente. Die freie Religionsausübung diente letztlich ebenso dem politischen Ziel wie auch die Propaganda im Lager (z. B. verschiedensprachige Lagerzeitungen für die unterschiedlichen ethnischen Gruppen, Flugblätter, kulturell-religiöse Freiheit, Sport).
Deutung	Im Gegensatz zu anderen Fotografien aus den „Sonderlagern", welche die Internierten in Schnappschüssen bei verschiedensten Aktivitäten zeigten, war diese Fotografie zur Veröffentlichung als Kriegspostkarte vorgesehen. Diese Zurschaustellung der militärischen Angehörigen anderer Völker steht in der Tradition der sogenannten Völkerschauen und des damit verbundenen rassistischen Blicks auf das Exotische. Dies signalisiert auch die Verwendung des Nomens „Typen", welche die Dargestellten nicht als Individuen, sondern als exemplarische Vertreter ihrer Ethnie/Kultur betrachtet. Aus Typen werden Stereotypen. Das Foto vermittelt dem deutschen Betrachter zudem den Eindruck seiner militärischen Überlegenheit. Soldaten aus verschiedenen Kontinenten stehen vor ihm stramm, er kann die ihm vorgeführten Unterlegenen aus der Position der Macht heraus mustern. Auch deren Kolonialherren erscheinen als Unterlegene, denn der Machtanspruch des Deutschen Reiches umfasst implizit auch deren Kolonien. Die Aufschrift in der linken unteren Ecke der Fotografie verweist auf die Zensur von Bildveröffentlichungen im Ersten Weltkrieg. Diese Aufnahme ist für den Vertrieb von der Zensur freigegeben worden.
Anregungen für den Unterricht	• M1: *Gegenbild, Comic (Denkblasen)* • M1 und M2–M4: Analyse und Vergleich (M1: Eine rassistische Zurschaustellung?) • M5, M6: Diskussion: Rechtliche Grundlagen der Kriegsgefangenschaft (Haager Landkriegsordnung 1907; Genfer Konvention 1949) • Diskussion: Kriegsgefangenschaft heute (z. B. Abu Ghraib; Guantanamo)

M1 Kriegsgefangenenlager Zossen, 1915

Fotograf: Alfred Grohs, vermutlich 1915 (© Deutsches Historisches Museum)

M2 Pressebericht über die Kolonialarmeen der Entente, 1914

Ob die Verwendung dieser Wilden auf einem europäischen Kriegsschauplatz den völkerrechtlichen Grundsätzen entspricht, dürfte zu bezweifeln sein. Geradezu lächerlich wird es aber, wenn die Franzosen und Engländer angesichts der Tatsache, dass sie Völker niedrigster Kulturstufe und sogar Kannibalen auf ihre Gegner loslassen, nach wie vor behaupten, „für die Kultur" zu kämpfen.

Illustrierte Zeitung, 24.12.1914

M3 Illustrierter Pressebericht über das Sonderlager, 1915

Ein Arabergefangenenlager in der Nähe von Berlin. Überblick über das Araberviertel in Zossen-Wünsdorf Antreten französisch-arabischer und marokkanischer Saphis, Turkos und Senegalneger. Eine Hagenbeck*-Schau im Mohammedaner-Gefangenenlager zu Wünsdorf bei Zossen. Das Völkergemisch, das sich in unserem Gefangenenlager zusammendrängt, bringt das nebenstehende Bild aus dem Wünsdorfer Mohammedanerlager zu anschaulicher Darstellung. So bunt-verschieden wie ihre Gewandung, sind auch Herkunft und Abstammung dieser dunklen Söhne ferner Länder.

Berliner Lokal-Anzeiger, 1.5.1915. Bezug wird hier nicht genommen auf die oben gezeigte Bildquelle M1, sondern eine andere, welche ebenfalls Gefangene aus verschiedenen Ethnien/Kulturen zeigt.

M4 Protest der Nachrichtenstelle für den Orient über den Wortgebrauch in einem Artikel über das Halbmondlager, 1915

Die Bezeichnung „eine Hagenbeck*-Schau" kann, wenn sie in uns übelwollende Hände fällt, sowohl von unseren Feinden zu propagandistischen Zwecken gegen uns ausgenützt werden als auch, wenn sie nach dem Orient gelangt, eine nicht gerade gewünschte Wirkung haben. [...] Es müsste doch dem Lagerkommando ein Leichtes sein zu verhüten, dass Aufnahmen von den Mohammedanern gemacht oder in einer Weise verbreitet werden, die unseren Zwecken nicht dienlich sind.

Berliner Lokal-Anzeiger, 1.5.1915, in: Margot Kahleyss: Muslime in Brandenburg – Kriegsgefangene im 1. Weltkrieg, Berlin 1998, S. 160

* Der Hamburger Tierhändler und Zoodirektor führte ab 1875 „Völkerschauen" durch, bei denen dem deutschen Publikum Angehörige exotisch wirkender Kulturen vorgeführt wurden.

M5 Haager Landkriegsordnung, 1907

Art. 4: Die Kriegsgefangenen unterstehen der Gewalt der feindlichen Regierung, aber nicht der Gewalt der Personen oder der Korps, die sie gefangengenommen haben. Sie sollen mit Menschlichkeit behandelt werden.
Alles, was ihnen persönlich gehört, verbleibt ihr Eigentum mit Ausnahme von Waffen, Pferden und Schriftstücken militärischen Inhalts.

Art. 18: Den Kriegsgefangenen wird in der Ausübung ihrer Religion mit Einschluss der Teilnahme am Gottesdienst volle Freiheit gelassen unter der einzigen Bedingung, dass sie sich den Ordnungs- und Polizeivorschriften der Militärbehörden fügen.

M6 Genfer Konvention, 1949

Art. 3: Personen, die nicht direkt an den Feindseligkeiten teilnehmen, einschließlich der Mitglieder der bewaffneten Streitkräfte, welche die Waffen gestreckt haben, und der Personen, die infolge Krankheit, Verwundung, Gefangennahme oder irgendeiner anderen Ursache außer Kampf gesetzt wurden, sollen unter allen Umständen mit Menschlichkeit behandelt werden, ohne jede Benachteiligung aus Gründen der Rasse, der Farbe, der Religion oder des Glaubens, des Geschlechts, der Geburt oder des Vermögens oder aus irgendeinem ähnlichen Grunde.
Zu diesem Zwecke sind und bleiben in Bezug auf die oben erwähnten Personen jederzeit und jedenorts verboten:

a. Angriffe auf Leib und Leben, namentlich Mord jeglicher Art, Verstümmelung, grausame Behandlung und Folterung;
b. Gefangennahme von Geiseln;
c. Beeinträchtigung der persönlichen Würde, namentlich erniedrigende und entwürdigende Behandlung;
d. Verurteilungen und Hinrichtungen ohne vorhergehendes Urteil eines ordnungsmäßig bestellten Gerichtes, das die von den zivilisierten Völkern als unerlässlich anerkannten Rechtsgarantien bietet.

GLEICHSCHALTUNG – EIN OPFER, 1933

Fotograf	unbekannt
Titel/Bildlegende	–
Ort	Volks- und Mittelschule Berlin-Borsigwalde, Sommerfelder Str. 5–7
Zeitpunkt	Sommer 1933
Veröffentlichung	Privatbesitz
Bildbeschreibung	Eine Klasse mit 44 Schülern im Alter von ungefähr sieben, acht Jahren sitzt/steht in vier aufsteigenden Reihen vor einer Hauswand. Die zwei diagonal versetzten Fenster in der linken Bildhälfte lassen ein Treppenhaus vermuten. Inmitten der Schüler befindet sich in der dritten Reihe von unten eine Frau, vermutlich die Lehrerin der Klasse. Die Kleidung der Schüler in Hemd und kurzer Hose verweist darauf, dass die Aufnahme im Sommer gemacht wurde. Ungefähr die Hälfte der Schüler hat den rechten Arm in unterschiedlicher Art und Weise erhoben.
Historischer Kontext	Die NS-Schulpolitik im Jahr 1933 forcierte vor allem die Gleichschaltung des Schulpersonals. Das zentrale Instrument dafür war das „Gesetz zur Wiederherstellung des Berufsbeamtentums" vom 7. April 1933. Dieses schuf die formelle Rechtsgrundlage zur Entlassung von Lehrkräften, die im NS-Sinne als jüdisch oder als politisch verdächtig galten (Mitglieder der SPD, KPD, Rotfrontkämpferbund ...). Ausnahmen galten für Beamte, die dies schon am 1. August 1914 waren (Altbeamtenregelung), oder für solche, die am Ersten Weltkrieg teilgenommen haben bzw. deren Vater oder Söhne im Ersten Weltkrieg gefallen sind. Diese Ausnahmeregelungen benachteiligten weibliche Beamte. In Preußen war es seit 1892 Lehrerinnen untersagt zu heiraten (Lehrerinnenzölibat). Hintergrund des Eheverbots waren ideologische Setzungen über die Rolle der Frau (als Mutter, Ehefrau), die rechtliche Stellung der Ehefrau nach dem Preußischen Landrecht/BGB (keine Arbeitsverträge ohne Einwilligung des Mannes) und eine arbeitsmarktpolitische Diskriminierung zugunsten der Männer. So wurde z. B. das Eheverbot für weibliche Beamte während des Ersten Weltkriegs 1915 aufgrund des Männermangels in der Heimat gelockert. Im Widerspruch zum Artikel 128 der Weimarer Verfassung („Alle Ausnahmebestimmungen gegen weibliche Beamte werden beseitigt.") wurde auch vor dem Hintergrund der Weltwirtschaftskrise 1932 mit einer Verordnung die Entlassung von verheirateten Beamtinnen ermöglicht.
Deutung	Die Interpretation des Klassenfotos kann an verschiedenen Aspekten ansetzen. Zu diesen gehört (auch im Vergleich zur Gegenwart) die Funktion von Klassenfotos, die Klassengröße und die Kleidung, die Positionierung der Lehrkraft, der getrenntgeschlechtliche Schulbesuch oder der Hitlergruß, welcher als Ritual die Politisierung der Schule im Nationalsozialismus visualisierte. Der Fokus kann auch auf die personelle Gleichschaltung der Schule gesetzt werden. Bei der Lehrkraft handelt es sich um Hertha Nothe (vgl. M2), die 1933 nach § 3 des Gesetzes zur Wiederherstellung des Berufsbeamtentums („Arierparagraf") entlassen worden war. Die lückenhaften biografischen Angaben lassen offen, wie es Hertha Nothe als jüdisch Verfolgter gelingen konnte, nach der Schließung der jüdischen Privatschule Pelteson in Berlin, wo sie seit 1934 gearbeitet hatte, überleben zu können.
Anregungen für den Unterricht	• Vergleich mit Klassenfotos der Gegenwart • M1: *Comicbild (Denkblasen)* • M1, M2, M41933 b, c): Fokus Antisemitismus: Thematisierung der beruflichen Biografie von Hertha Nothe vor und nach 1933 • M2, M3, M4: Fokus Gendergeschichte: Thematisierung der Geschichte der Diskriminierung von Frauen auf dem Arbeitsmarkt am Beispiel der Beamtinnen • Gleichbehandlung heute: Allgemeines Gleichbehandlungsgesetz (Art. 1, 20)

M1 Volksschule Berlin-Borsigwalde, 1933

Archiv Hamann

M2 Berufliche Biografie der Lehrerin Hertha Nothe (1897–1964)

1892	Einführung des Eheverbots für Lehrerinnen in Preußen; Entlassung aus dem Schuldienst im Falle einer Heirat
1915	Zulassung von verheirateten Frauen mit Lehrbefähigung zum Schuldienst für die Dauer des Krieges
bis 1917	Ausbildung Nothes zur Volksschullehrerin am Ev. Lehrerinnenseminar in Torgau
1917	Erste Prüfung als Lehrerin
1917–1918	Seminarübungsschule Neuhaldensleben (Bez. Magdeburg)
1919–1921	Vertretungslehrerin an Volksschulen in Berlin-Pankow
1920	Formelle Aufhebung des Eheverbots für Lehrerinnen im Deutschen Reich
1926–1933	Lehrerin in Berlin-Reinickendorf
1933	Entlassung aus dem staatlichen Schuldienst (September 1933), Versetzung in den Ruhestand mit vermindertem Ruhegehalt („Arierparagraf")
1934–1938	Lehrerin an der Jüdischen Höheren Privatschule Anna Pelteson Berlin-Wilmersdorf; außerdem: Privatunterricht; Schließung der Schule 1938
1939	Streichung des Ruhegeldes; letzte Nennung Hertha Nothes im Berliner Adressbuch
1938–1945	Angestellte zur Aushilfe im Büro des Kaufhauses am Alexanderplatz; Buchhalterin in einer Tiefbaufirma in Berlin-Tiergarten
1945–1957	Lehrerin in Berlin-Wilmersdorf in einer Grundschule

Nach: DIPF/BBF/Archiv: Gutachterstelle für deutsches Schul- und Studienwesen im Berliner Institut für Lehrerfort- und -weiterbildung und Schulentwicklung, Schriftwechsel zu den Personalunterlagen der Lehrkräfte, GUT 220, Volksschullehrerdatei

M3 Frauen im Lehrberuf, 1898

Frauen im Lehrberuf?

Die Frau ist der Berufsausbildung körperlich, geistig und nervlich nicht gewachsen

Mädchen, die mit 20 Jahren in blühender Schönheit in das Amt treten, sehen schon nach einer Arbeit von 6–8 Jahren wie ganz verblühte alte Jungfern aus. Im Alter von 30–35 Jahren, wenn der Jüngling im Lehrerberuf erst recht zu leben und der durch ernste Studien und Vorarbeiten erlangten Kraft sich recht zu freuen beginnt, sind die Lehrerinnen oft bereits ganz gebrochen, nervös, leidend, beständig kränklich und erfüllen ihre Pflichten ohne Freudigkeit unter inneren Qualen. Mit 40 Jahren haben fast alle ohne Unterschied mit beständigem Siechtum zu kämpfen, so daß ihr Leben von dieser Zeit an als ein im Grunde trauriges bezeichnet werden muss.

Schulanzeiger, Würzburg, 4.10.1898

M4 Rechtsstellung von weiblichen Beamten, 1919–1933

Rechtsstellung von (jüdischen) weiblichen Beamten in Deutschland				
1919 Reichsverfassung des Deutschen Reiches	**1932** Rechtsstellung der weiblichen Beamten	**1933 (a)** Rechtsstellung der weiblichen Beamten	**1933 (b)** Gesetz zur Wiederherstellung des Berufsbeamtentums	**1933 (c)** Erste Verordnung zur Durchführung d. Gesetzes z. Wiederherstellung des Berufsbeamtentums
§ 128 (1) Alle Staatsbürger ohne Unterschied sind nach Maßgabe der Gesetze und entsprechend ihrer Befähigung und ihren Leistungen zu den öffentlichen Ämtern zuzulassen. (2) Alle Ausnahmebestimmungen gegen weibliche Beamte werden beseitigt.	§ 1 (1) Verheiratete weibliche Beamte sind jederzeit auf ihren Antrag aus dem Beamtenverhältnis zu entlassen. (2) Die vorgesetzte Dienstbehörde kann die Entlassung auch ohne diesen Antrag verfügen, wenn die wirtschaftliche Situation des weiblichen Beamten nach der Höhe des Familieneinkommens dauernd gesichert erscheint. § 3 (1) Die aufgrund dieses Gesetzes ausscheidenden Beamten [...] haben Anspruch auf Abfindung.	§ 1 (2) Die vorgesetzte Dienstbehörde hat die Entlassung auch ohne diesen Antrag zu verfügen, wenn die wirtschaftliche Versorgung des weiblichen Beamten nach der Höhe des Familieneinkommens dauernd gesichert erscheint. Diese Voraussetzung liegt stets dann vor, wenn der Ehemann unkündbar angestellter Beamter ist. (4) Die Entscheidung der obersten Reichsbehörde darüber, ob die Voraussetzung des Abs. 2 vorliegt, ist für die Gerichte bindend. § 6 (b) Bei der Besoldung der weiblichen Beamten kann von den Vorschriften des Artikels 128 Abs. 2 der Reichsverfassung abgewichen werden.	§ 3 (1) Beamte, die nicht arischer Abstammung sind, sind in den Ruhestand [...] zu versetzen; soweit es sich um Ehrenbeamte handelt, sind sie aus dem Amtsverhältnis zu entlassen. (2) Abs. 1 gilt nicht für Beamte, die bereits seit dem 1. August 1914 Beamte gewesen sind oder die im Weltkrieg an der Front für das Deutsche Reich oder für seine Verbündeten gekämpft haben oder deren Vater oder Söhne im Weltkrieg gefallen sind. [...]	Zu § 3 (1) Als nicht arisch gilt, wer von nicht arischen, insbesondere jüdischen Eltern oder Großeltern abstammt. Es genügt, wenn ein Elternteil oder ein Großelternteil nicht arisch ist. Dies ist insbesondere dann anzunehmen, wenn ein Elternteil oder ein Großelternteil der jüdischen Religion angehört hat. (2) Wenn ein Beamter nicht bereits am 1. August 1914 Beamter gewesen ist, hat er nachzuweisen, daß er arischer Abstammung oder Frontkämpfer, der Sohn oder Vater eines im Weltkrieg Gefallenen ist. Der Nachweis ist durch die Vorlegung von Urkunden [...] zu erbringen.
	RGB I, 1932 (30.5.1932), S. 245	RGB I, 1933 (1.7.1933), S. 435 f.	RGB I, (7.4.1933), S. 155	RGB I, (11.4.1933), S. 195 f.

Zusammenstellung Hamann

SOWJETISCHE KRIEGSGEFANGENE, 1942

Fotograf	Arthur Grimm (1908–nach 1990), Fotograf einer Propagandakompanie
Titel/Bildlegende	„Nur 60 000"
Ort	Potudan (Fluss zwischen Charkow und Woronesch)
Zeitpunkt	Juli 1942
Veröffentlichung	Signal, 1942, Heft 22 (Nov.), S. 28 (Variante schwarz-weiß)
Bildbeschreibung	In der Seitenansicht ist ein Wehrmachtssoldat mit seinem Gewehr abgebildet. Er steht auf einem Hügel und blickt über eine Talsenke, in der sowjetische Kriegsgefangene lagern. Die Zahl der Gefangenen scheint unendlich zu sein. In der Talsenke ist ein Abschnitt eines Flusses zu sehen, in dem Menschen baden oder ihre Kleidung waschen.
Historischer Kontext	Insgesamt gab es 5,35 bis 5,75 Millionen sowjetische Kriegsgefangene, rund 2,5 Millionen davon starben in deutschen Lagern. Das Massensterben ist begründet in der mangelhaften Ernährung der Gefangenen und der unzureichenden Unterbringung (u. a. in Erdlöchern). Außerdem waren die hygienischen Bedingungen unzureichend. Krankheiten/Epidemien, Erfrierungen, Erschöpfung und Erschießungen waren die Folgen (Streit 1997, 128–190). Entlastend wird mitunter vorgebracht, dass die Wehrmacht von der Zahl der Kriegsgefangenen überrascht gewesen und es deswegen zu dem Massensterben gekommen sei. Dagegen wird von der Forschung eingewendet, dass die Wehrmacht ursprünglich von einem Sieg über die Rote Armee binnen weniger Wochen ausgegangen ist (Blitzsieg). In diesem Falle wäre eine weitaus größere Zahl von Gefangenen in zudem kürzerer Zeit zu verzeichnen gewesen.
Deutung	Das fotografische Bild des Zweiten Weltkriegs ist in Deutschland dominiert von NS-Propagandaaufnahmen. Der Fotograf Arthur Grimm hatte in mehreren Propagandakompanien von 1940 bis 1945 für die Wehrmachtszeitschrift Signal gearbeitet. Seit 1933 war Grimm Mitglied bei der NSDAP. Nach 1945 machte er in der Bundesrepublik Karriere bei Film und Fernsehen. Aufnahme setzt das Ideologem vom Herren- und Untermenschen visuell um. Der Bewacher blickt von einem Hügel aus über eine Talsenke mit den Gefangenen. Soldat wie Bildbetrachter verfügen über eine nahezu identische Perspektive. Sie haben kompositorisch die Übersicht und damit eine „überlegene" Position. Ihr gemeinsamer Blick sieht auf die anonyme Masse der Gefangenen hinab. Scheinbar genügt ein einzelner Soldat zur Bewachung der großen Anzahl der Rotarmisten. Grimm variiert den ikonografischen Bildtopos des Feldherrnhügels. Während der Schlacht steht der Feldherr in einer erhöhten Position, um von dort aus den Überblick zu haben und die Schlacht lenken zu können. Grundlegende Einsicht: Eine Wertung des Abgebildeten kann auch durch die Bildgestaltung (hier: Vogelperspektive) erreicht werden.
Anregungen für den Unterricht	• *Fotograf* • M1 und M5: Vergleich: Motiv Feldherrnhügel als Ausdruck der Machtasymmetrie • M1 und M2, M3: Vergleich • M1/M2 und M4: Vergleich • *Brief* (aus der Perspektive des Soldaten; aus der Perspektive der Gefangenen) • *Gegenbild* (aus der Perspektive der Gefangenen) • Diskussion: Kriegsgefangenschaft Vergangenheit (Haager Landkriegsordnung 1907, § 4–20) und Gegenwart (III. Genfer Konvention 1949)

M1 Sammellager für sowjetische Kriegsgefangene am Potudan, 1942

Fotograf: Arthur Grimm, 1942

M2 Kommentar der Zeitschrift Signal zu den Bildern des Sammellagers Potudan*

Nur 60 000 gefangene Sowjets stecken in dieser Gefangenen-Sammelstelle, die in einem Tal des Kaukasus liegt. Obwohl diese Zahl nicht an die Gefangenenzahlen der großen Kesselschlachten heranreicht, hat es doch, besonders in den ersten Tagen, seine Schwierigkeiten, so viele hungrige Menschen, die der Einwohnerzahl einer mittelgroßen Stadt entsprechen, zu verpflegen. Aber es wird geschafft. Viele Feldküchen sind aufgefahren, die Tag und Nacht Eintopfgerichte kochen. Die Organisation der Verteilung und das Kochen übernehmen die Gefangenen selbst [...]. Täglich kommen Tausende hinzu und täglich werden in langen Zügen 5000–10 000 in waldreiche Gebiete abtransportiert, wo sie sich Baracken bauen können und Beschäftigung durch Urbarmachung, Straßen- und Bahnbau finden.

Signal, 1942, Heft 22, S. 28

* Der Fluss Potudan lag – anders als die Quelle behauptet – rund 800 Kilometer vom Kaukasus entfernt.

M3 Oberkommando der Wehrmacht, Anordnungen für die Behandlung sowjetischer Kriegsgefangener in allen Kriegsgefangenenlagern, 8. September 1941

Der Bolschewismus ist der Todfeind des nationalsozialistischen Deutschland. [...] Der Kampf gegen den Nationalsozialismus ist ihm in Fleisch und Blut übergegangen. Er führt ihn mit jedem ihm zu Gebote stehenden Mittel: Sabotage, Zersetzungspropaganda, Brandstiftung, Mord. Dadurch hat der bolschewistische Soldat jeden Anspruch auf Behandlung als ehrenhafter Soldat und nach dem Genfer Abkommen verloren. [...] Das Gefühl des Stolzes und der Überlegenheit des deutschen Soldaten, der zur Bewachung sowjet. Kr. Gef. befohlen ist, muss jederzeit auch für die Öffentlichkeit erkennbar sein. [...]

Bei den sowjet. Kr. Gef. ist es schon aus disziplinarischen Gründen nötig, den Waffengebrauch sehr scharf zu handhaben. Wer zur Durchsetzung eines gegebenen Befehls nicht oder nicht energisch genug von der Waffe Gebrauch macht, macht sich strafbar.

100(0) Schlüsseldokumente zur deutschen Geschichte im 20. Jahrhundert; http://www.1000dokumente.de

M4 Hunger in den Lagern der sowjetischen Kriegsgefangenen

[...] im September/Oktober 1941 (spitzte sich die Situation) zu. Krankheiten, Hunger und zunehmend schlechtes Wetter schwächten die größtenteils in den Lagern ungeschützt im Freien kampierenden Gefangenen derart, dass sie starben „wie die Fliegen“. Einer der wenigen Zeitzeugen, der seine Erfahrungen wiedergeben konnte, beschrieb die Situation so: „Im Lager entstand eine wahre Hungersnot. Die Kriegsgefangenen haben den Lagerboden um ca. 40 cm tief durchwühlt und alle Wurzeln und Würmer verspeist. Schließlich fingen sie an, die Rinde von den Bäumen zu entfernen und zu essen. Auch die Nadeln der Zweige wurden nicht verschont. Es war so, dass nichts mehr blieb, weder oben auf den Bäumen, noch unten am Boden, noch im Boden. Am Anfang schossen die Soldaten auf diejenigen, die in die Bäume kletterten, aber als ca. 200 Menschen erschossen waren und die Kriegsgefangenen trotzdem nicht aufhörten, in die Bäume zu kriechen, um die grünen Zweige zu holen, wurde das Schießen eingestellt, da es dem Wachpersonal zu viel wurde.“

Rüdiger Overmans: Die Kriegsgefangenenpolitik des Deutschen Reiches 1939 bis 1945, in: Jörg Echternkamp (Hg.) Die Deutsche Kriegsgesellschaft 1939–1945. Zweiter Halbband: Ausbeutung, Deutungen, Ausgrenzung, München 2005, S. 808

M5 Anton von Werner: Moltke bei Sedan, 1880

EXEKUTION IM ZWEITEN WELTKRIEG, 1942

Fotograf	Koll, Fotograf einer Propagandakompanie
Titel/Bildlegende	Angehörige von Wehrmacht und SS beobachten und fotografieren die Erhängung Partisanenverdächtiger
Ort	Sowjetunion (bei Orjol)
Zeitpunkt	Januar 1942
Veröffentlichung	unbekannt
Bildbeschreibung	In Rückenansicht sind zwei erhängte Personen zu erkennen, ob es sich um Frauen handelt, ist nicht eindeutig. Die (angeschnittene) Person links trägt ein Schild um den Hals. Vermutlich mit einer schriftlichen Erklärung, wessen sich der/die Getötete schuldig gemacht hat/haben soll. Häufig wurden Zivilisten, die als Partisanen beschuldigt wurden, mit solchen Bezichtigungen versehen. Die Person rechts ist trotz der winterlichen Temperatur nur unzureichend gekleidet. Im Hintergrund sind siebzehn Angehörige der deutschen Wehrmacht, eine Frau und ein Kind zu erkennen. Mindestens sieben der anwesenden Soldaten haben einen Fotoapparat, vier sind dabei, die Szene zu fotografieren. An den Gesichtsausdrücken lässt sich die Stimmung in der Gruppe nicht eindeutig erkennen.
Historischer Kontext	Der Kriegsgerichtsbarkeitserlass vom Mai 1941 setzte an die Stelle der konventionellen Militärjustiz die Selbstjustiz der Truppe. Er ermöglichte Tötungen von Angehörigen der Zivilbevölkerung, die im Verdacht standen, Partisanen zu sein. Der Erlass „bildete das Kernstück jener völkerrechtswidrigen Befehle, die auf Geheiß Hitlers im Frühjahr 1941 für den bevorstehenden Überfall auf die Sowjetunion ausgearbeitet wurden, um den Feldzug planmäßig in einen ‚rassenideologischen Vernichtungskrieg' (Hillgruber) zu transformieren" (in: Felix Römer: Kriegsgerichtsbarkeitserlass, http://www.1000dokumente.de, vgl. M3).
Deutung	Fotografien des Grauens gehören ikonografisch zum Bildrepertoire und zur Mediengeschichte des Krieges. Unterscheiden lässt sich hierbei die Motivation bei der Bildherstellung. Goyas Grafiken oder Fotos von befreiten KZ dienen z. B. der Anklage. Daneben stehen Aufnahmen der Täter im Kontext der Tat. Diese können Lynchfotografien (USA der 1930er Jahre), Hinrichtungsfotos (z. B. an den Erschießungsgruben im Zweiten Weltkrieg) oder auch Folterbilder sein (Irakkrieg, Gefängnis von Abu Ghraib). Die Diskussion, warum sich Täter oder Zuschauer der Tat während der Tat fotografieren lassen, profiliert verschiedene Motivationen. Da im Zweiten Weltkrieg für deutsche Soldaten ab 1941 ein Fotografierverbot für Exekutionen bestand (vgl. M2), muss das Bedürfnis, dieses Verbot dennoch zu umgehen, stark gewesen sein. Genannt werden z. B. das bloße Bedürfnis des visuellen Dokumentierens, das Bild als Ausdruck einer Siegestrophäe oder als Mittel, im Moment des Fotografierens Distanz zum Erlebten/Gesehenen zu bekommen. Solche Fotos hätten auch die Funktion gehabt, als Amulette zur Abwendung von Unheil zu dienen (Hoffmann-Curtius 2002). Grundlegende Einsicht: Fotografien sind vieldeutig – um eine Eindeutigkeit zu erreichen, bedarf es weiterer Informationen (z. B. die Aussagen der fotografierenden Soldaten).
Anregungen für den Unterricht	• M1: *Satzanfänge beenden, Interview, Kon-Text, Gegenbild, Innerer Monolog* • M2: Diskussion: Motivation der fotografierenden Soldaten – Das Foto als Ausdruck von Rache? – Das Foto als Beweis/Trophäe eigener Überlegenheit/Macht? – Das Foto als Ausdruck von Schaulust/Faszination? – Das Foto als Beweis für Kriegsgräuel? – Das Foto als privates Erinnerungsbild? • M3: Diskussion: Vernichtungskrieg und Völkerrecht • Gegenwartsbezug: Hinrichtungen in Kriegen der Gegenwart („Islamischer Staat")

M1 Knipser im Visier eines Profis

Fotograf: Koll, 1942 (Bundesarchiv, Bild 101I-287-0872-28A)

M2 Dienstvorschrift der Waffen-SS über das außerdienstliche Fotografieren von Exekutionen

Das Fotografieren von Exekutionen in- und außerhalb des Reichsgebietes ist verboten. Es ist auch verboten, Nichtangehörige der Waffen-SS zum Fotografieren von Exekutionen zu veranlassen. Die Erlaubnis zur Herstellung von Aufnahmen für dienstliche Zwecke kann nur durch die Leiter der Staatspolizei(leit)stellen erteilt werden. Gegebenenfalls sind bisher hergestellte Aufnahmen einzuziehen und zu vernichten. Kdo. d. Waffen-SS/Ia

Verordnungsblatt der Waffen-SS, 2. Jg. (1941), Nr. 11 (15.6.1941), in: Peter Jahn/Ulrike Schmiegelt (Hg.): Foto-Feldpost. Geknipste Kriegserlebnisse 1939–1945, Berlin 2000, S. 75

M3 Erlass über die Ausübung der Kriegsgerichtsbarkeit im Gebiet „Barbarossa" und über besondere Maßnahmen der Truppe (13. Mai 1941)

I. Behandlung von Straftaten feindlicher Zivilpersonen
   1. Straftaten feindlicher Zivilpersonen sind der Zuständigkeit der Kriegsgerichte und der Standgerichte bis auf weiteres entzogen.
   2. Freischärler sind durch die Truppe im Kampf oder auf der Flucht schonungslos zu erledigen.
   3. Auch alle anderen Angriffe feindlicher Zivilpersonen gegen die Wehrmacht, ihre Angehörigen und das Gefolge sind von der Truppe auf der Stelle mit den äußersten Mitteln bis zur Vernichtung des Angreifers niederzukämpfen.

II. Wo Maßnahmen dieser Art versäumt wurden oder zunächst nicht möglich waren, werden tatverdächtige Elemente sogleich einem Offizier vorgeführt. Dieser entscheidet, ob sie zu erschießen sind. Gegen Ortschaften, aus denen die Wehrmacht hinterlistig oder heimtückisch angegriffen wurde, werden unverzüglich auf Anordnung eines Offiziers [...] kollektive Gewaltmaßnahmen durchgeführt, wenn die Umstände eine rasche Feststellung einzelner Täter nicht gestatten. [...]

III. Behandlung der Straftaten von Angehörigen der Wehrmacht und des Gefolges gegen Landeseinwohner
   1. Für Handlungen, die Angehörige der Wehrmacht und des Gefolges gegen feindliche Zivilpersonen begehen, besteht kein Verfolgungszwang, auch dann nicht, wenn die Tat zugleich ein militärisches Verbrechen oder Vergehen ist.

100(0) Schlüsseldokumente zur deutschen Geschichte im 20. Jahrhundert; http://www.1000dokumente.de

BOMBENKRIEG, 1944

Fotograf	unbekannt
Titel/Bildlegende	„Warum schießt Deutschland nach England"
Ort	Düsseldorf (Stadtteil Derendorf)
Zeitpunkt	23. April 1944
Veröffentlichung	Signal Extra, Auslandsillustrierte der NS-Propaganda [Sommer 1944]
Bildbeschreibung	Der Blick der schmächtigen Frau in der Bildmitte trifft den Blick des Betrachters und fokussiert seine Wahrnehmung. Der Betrachter wird in das Bild hineingeholt, denn sie sieht den Betrachter von heute frontal an. Ihr Blick ist die Brücke zwischen Vergangenheit und Gegenwart, der damalige Schrecken erreicht den heutigen Betrachter zwar medial vermittelt, aber dennoch unmittelbar. Eine Kontaktaufnahme mit dem Gegenüber erfolgt aber nur scheinbar. Sie blickt zwar in die Richtung des Fotografen. Aber tatsächlich ist sie ganz bei sich. Sie scheint vollkommen gefangen von dem zu sein, was sie erlebt hat. Der Schrecken darüber ist ihr ins Gesicht geschrieben. Die beiden Männer haben die Funktion flankierender Assistenzfiguren. Deren Oberkörper sind der Frau zugeneigt und umfassen sie nahezu halbkreisförmig. Dieser Bildaufbau verstärkt den Eindruck der Schutzbedürftigkeit der Frau und der Hilfe der Männer. Der Mann links erscheint im Vergleich wie ein Hüne.
Historischer Kontext	In der Nacht vom 22. auf den 23. April 1944 flogen rund 600 britische und kanadische Bomber einen der insgesamt 243 Angriffe auf die Industriestadt Düsseldorf. Ab ein Uhr nachts warfen diese rund 1,5 Stunden lang 2.150 Tonnen Bomben über der Stadt ab. Bei den Abgebildeten handelt es sich um die schwangere Brunhilde Uhl (1920–?), ihren Ehemann Siegfried (1915–1987) sowie deren Tochter Ingrid (*1941) und rechts einen (unbekannten) jungen Luftwaffenhelfer.
Deutung	Das Foto wurde erstmals in der Signal, der Auslandsillustrierten der NS-Propaganda, abgedruckt. Diese Ausgabe diente der propagandistischen Begründung des ersten Einsatzes von V1-Marschflugkörpern ab dem 15. Juni 1944 auf London und Südengland. Explizit werden in der Signal (von Deutschen besetzte) Länder Europas als Opfer der alliierten Luftangriffe aufgeführt. Der Einsatz der Vergeltungswaffen wird als deutsche Vergeltung im Namen Europas dargestellt. Das Foto dient der NS-Propaganda (M2), ein anderes Mal der Selbstviktimisierung der Deutschen nach 1945 als Opfer des Bombenkrieges (M3) oder aber es dient der SED-Propaganda gegen den „imperialistischen" Westen, der den Sozialismus verhindern will (M4). Grundlegende Einsicht: Fotografien sind vieldeutig. Sie können durch unterschiedliche Kontextualisierungen für verschiedene Zwecke genutzt werden.
Anregungen für den Unterricht	• M1: *Bildlegende III, Cluster, Écriture automatique, Fünf-Sinne-Check, Ich sehe was, was du nicht siehst …* • M2: Analyse der Wirkung des ganzseitigen Fotos der Frau mit dem Schreckensblick auf den Betrachter/die Eignung als Propagandabild • (M1): Analyse der Rechtfertigung des V1-Einsatzes durch die Signal • M3, M5: Die Deutschen – unschuldiges Opfer des westalliierten Luftkrieges? (Analyse der Kontinuitäten der Argumentation 1944 und 1970/1998) • M3, M4: Analyse der Unterschiede in deutschen Schulbüchern 1970/1997/2001 • Gegenwartsbezug: Soll auf NS-Fotografien in Schulbüchern verzichtet werden?

M1 NS-Rechtfertigung für die V1-Angriffe auf England, 1944

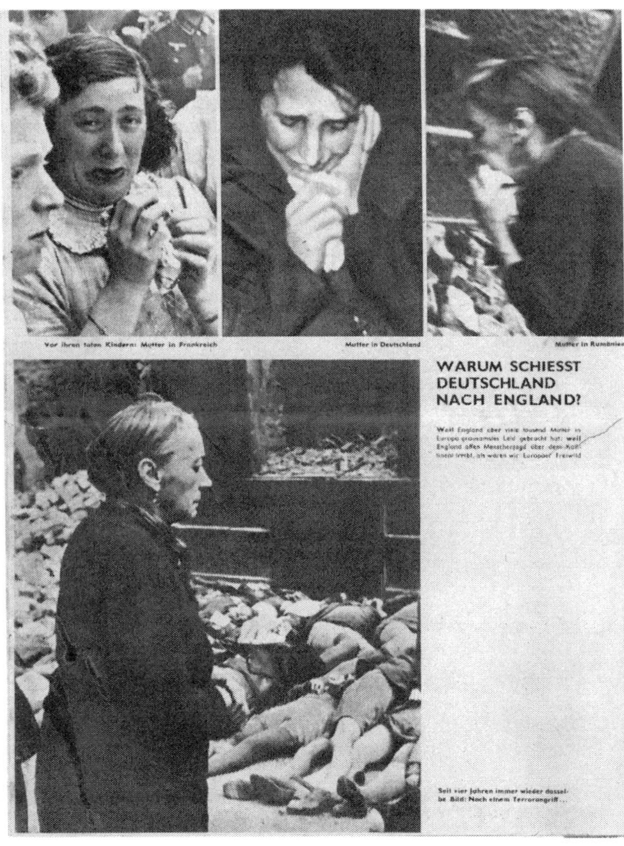

Signal Extra, 23.4.1944 (Archiv Hamann)

M2 „Warum Deutschland nach England schießt" – Begleittexte zum Foto in der Signal, 1944

Wie kam es zum 16. Juni? [Engländer und Amerikaner] zerstörten [im Bombenkrieg] nicht nur die Wohnviertel, Kirchen, Theater und Museen Deutschlands, sondern genauso Italiens, Frankreichs, Belgiens, Hollands, der Slowakei, Ungarns, Rumäniens und Bulgariens und in geringerem Umfang auch Dänemarks, Norwegens und schließlich Schaffhausen in der Schweiz.

Während sich der Vernichtungsfeldzug gegen die europäische Kultur vollzog, wurde England beständig gewarnt, die deutsche Flak und die deutschen Tag- und Nachtjäger sei nicht die letzte deutsche Antwort. Trotzdem fuhren sie fort, Berlin ebenso zu zerstören wie Rouen, Mailand, wie Hamburg, Lübeck, wie Sofia und Bukarest. Hunderttausende verloren Haus, Wohnung und Besitz. Wir sagen heute mit vollem Ernst dessen, der weiß, was er spricht: Auch das, was in der Nacht vom 15. auf den 16. Juni mit der Bombardierung Südenglands und Londons begann, war nicht die letzte deutsche Antwort.

Signal Extra, 23.4.1944

M3 Begleittext zur Düsseldorfer Fotografie in einem bundesdeutschen Schulbuch, 1997

1942 beschloss die britische Regierung für Bombenabwürfe in erster Linie die Arbeiterwohngebiete in Deutschland auszuwählen. Diese Terrorangriffe sollten die Kampfmoral der in ständiger Lebensgefahr schwebenden Menschen brechen. Auf der Konferenz von Casablanca vereinbarten Roosevelt und Churchill eine kombinierte Offensive: tagsüber amerikanische Präzisionsabwürfe, nachts britische Flächenbombardements. Nach dem Verlust der Luftüberlegenheit konnte die Flugabwehr die deutschen Städte vor den angloamerikanischen Angriffen nicht mehr schützen. Insgesamt starben im Bombenhagel etwa 600 000 Menschen, rund 3,6 Millionen Häuser wurden zerstört.

Bernhard Askani/Elmar Wagener (Hg.): Anno 4. Das 20. Jahrhundert, Braunschweig 1997, S. 115

M4 Begleittext zur Düsseldorfer Fotografie in einem bundesdeutschen Schulbuch, 2001

„Ausgebombt", Mannheim* 1944: Der Bombenkrieg, den die Deutschen mit Angriffen auf Guernica, mit der völligen Zerstörung Rotterdams aus der Luft, mit Angriffen auf London und andere englische Städte begonnen hatten, schlug auf Deutschland zurück. Fast alle deutschen Städte wurden erheblich zerstört. Hunderttausende kamen in ihren Häusern und Bunkern um. Allein in Dresden starben noch im Jahre 1945 in einer Februarnacht Unzählige bei einem Bombenangriff.

Andreas Dambor u. a.: Zeitreise Berlin 9/10, Leipzig/Stuttgart/Düsseldorf 2001, S. 661

* Die Fotografie wird in Bildarchiven vielfach fälschlich als ein Motiv aus Mannheim ausgegeben.

M5 Begleittext zur Düsseldorfer Fotografie in einem Schulbuch der DDR, 1970

Es starben nicht nur die Soldaten an der Front, sondern es kamen viele Frauen, Kinder und alte Leute, durch anglo-amerikanische Bombenangriffe um. Diese richteten sich in der letzten Zeit des Krieges vornehmlich gegen die Zivilbevölkerung im künftigen sowjetischen Besatzungsgebiet. Damit sollten in dem von einem sozialistischen Staat besetzten Teil Deutschlands nahezu unüberwindbare Schwierigkeiten geschaffen und antifaschistisch-demokratische Umwälzungen verhindert werden. Ohne militärische Notwendigkeit wurde am 13. und 14. Februar 1945 die von Flüchtlingen überfüllte Kunststadt Dresden bombardiert, wobei rund 35 000 Menschen ums Leben kamen.

Geschichte. Lehrbuch für die Klasse 9, Berlin (Ost) 1970, S. 233

UNABHÄNGIGKEITSKRIEG – NAKBA, 1948

Fotograf	unbekannt
Titel/Bildlegende	Palästinensische Familien verlassen Jaffa
Ort	Jaffa
Zeitpunkt	1948 (vermutlich April/Mai)
Veröffentlichung	unbekannt
Bildbeschreibung	Ungefähr fünf Kinder schieben mit Bettwäsche beladene Kinderwagen bzw. einen ebenso (mit Hausrat?) beladenen Karren an einer ansteigenden Straßenbiegung entlang. Die Kleidung der Kinder erscheint ärmlich, sie tragen keine Schuhe. Das Foto scheint im Sommer aufgenommen. Entlang der im Bildraum diagonal verlaufenden Straße befinden sich zweigeschossige Häuser. Am Bildrand rechts ist das Heckteil eines Pkw zu erkennen.
Historischer Kontext	1947 hatte die UN-Vollversammlung die Teilung Palästinas in einen jüdischen und einen palästinensischen Staat beschlossen. Ab dem 1. April 1948 begann die Haganah eine militärische Offensive, um alle laut Teilungsplan dem jüdischen Staat zugedachten Gebiete, „jedoch auch jüdische Siedlungen jenseits der UN-Grenzziehungslinie sowie die Verbindungswege zwischen den jüdischen Siedlungsgebieten und den freien Zugang nach Jerusalem zu sichern" (bpb). Die Stadt Jaffa war als Exklave dem arabischen Staat zugeschlagen worden, weil die Bevölkerung (100.000 Menschen) mehrheitlich aus Moslems bestand. Als am 14. Mai der Staat Israel ausgerufen wurde, besetzten jüdische Einheiten Jaffa. Die verbliebenen rund 4.000 Araber wurden gezwungen, sich in eine Siedlung in der Nachbarschaft zu begeben, wo sie unter Kriegsrecht standen.
Deutung	Das wissenschaftliche Projekt „Zoom in" (2010) präsentierte 54 Angehörigen aus israelischen und palästinensischen Universitäten 32 Fotografien, die palästinensische Flüchtlinge (1948) zeigen. Erst wurde den Probanden das jeweilige Foto ohne, dann mit einer Bildlegende gezeigt. Ziel war es, a) die unterschiedlichen Erinnerungen offenzulegen und b) die Probanden für die Perspektive der anderen zu sensibilisieren. Kommentare der palästinensischen Befragten: Geschichte ist eine politische Ressource, um gegenwärtiges Unrecht anzuklagen; denn zwischen Geschichte und Gegenwart kann kein Unterschied gemacht werden. Die eigenen Konflikte und Fehler werden ebenso ausgeblendet wie die Tatsache, dass auch die Juden Flüchtlinge waren. Kommentare der befragten jüdischen Israelis: Die Fotos werden z. T. detailreich beschrieben, aber meist unter Aussparung des historischen Kontexts und Ausblendung jüdischer Schuld. Wenn 1948 Thema wird, greifen drei Verfahren der Schuldabwehr, nämlich Übertragung: Verschiebung des Gezeigten in einen anderen historischen Kontext (z. B. Holocaust); Desensibilisierung: Vermeidung/Ablehnung von Empathie; Ablenken: Hinweise auf das Leben und die Sorgen von Menschen im Allgemeinen.
Anregungen für den Unterricht	• M1: *Cluster* • M2: Analyse, Vergleich, Beurteilung der Kommentare • Vergleich der Kommentare aus Israel/der Westbank mit den eigenen Kommentaren • M2: Diskussion der These(n) – Fokus Bild: Ein Bild sagt mehr als 1.000 Worte. Und/oder – Fokus Betrachter: Das Bild entsteht im Kopf – jeder sieht etwas anderes. • M3, M4: Analyse, Vergleich, Beurteilung der Darstellungen: Diskussion: Multiperspektivität – ein unvermeidliches Merkmal a) historischer Erinnerung; b) des politischen Alltags heute?

M1 Palästinensische Familien verlassen Jaffa, 1948

Fotograf: unbekannt (The United Nations Relief and Works Agency for Palestine Refugees in the Near East – UNRWA)

M2 Israelis und Palästinenser kommentieren das Foto

Kommentare einer jüdischen Israelin, 22 Jahre	**Kommentare einer Palästinenserin, 20 Jahre**
Ohne Kenntnis der Bildlegende: Das Foto zeigt eine städtische Umgebung. Es ist nicht von heute. Die Fotografie ist vermutlich von vor 80 Jahren, weil die Kleidung und die Gebäude erscheinen sehr traditionell und alt. Die Kinder auf diesem Foto transportieren verschiedene Sachen. Es scheint schwierig zu sein, weil sie aufwärts gehen müssen. Das Foto löst bei mir keine Gefühle aus. *Mit Kenntnis der Bildlegende:* Nun habe ich ein wenig Mitgefühl mit den Kindern und Familien, die gezwungen waren Jaffa, ein Zentrum ihres Lebens, im Zusammenhang mit den vielen Ereignissen von 1948 zu verlassen.	*Ohne Kenntnis der Bildlegende:* Ein sehr ausdrucksvolles Foto. Es verursacht Gefühle von Schmerz und Trauer angesichts der Kinder, denen ihre Kindheit gestohlen wurde und die barfuß und ohne Kleider vertrieben wurden und kein Heim mehr hatten. Das Foto zeigt verschiedene Ereignisse. Kinder werden von einem Platz zu einem anderen transportiert. Dies sind Flüchtlingskinder. *Mit Kenntnis der Bildlegende:* Meine Gefühle haben sich nicht geändert. Schmerz und Trauer sind da und meine Trauer wird jedes Mal größer, wenn ich dieses Foto sehe. Aber ich kann mir nicht vorstellen, dass meine Großeltern davon betroffen waren.
Kommentare einer jüdischen Israelin, 25 Jahre	**Kommentare eines Palästinensers, 54 Jahre**
Ohne Kenntnis der Bildlegende: Jungen und Mädchen schieben Kinderwagen und größere Karren, auf denen Möbel und Bettzeug geladen sind. Es scheint, dass sie umziehen. *Mit Kenntnis der Bildlegende:* Dieselbe Beschreibung. Es berührt mich nicht. Es ist traurig, dass eine Familie ihr Heim verlassen muss. Aber nichtsdestotrotz: Das Land Israel ist für jüdische Menschen.	*Ohne Kenntnis der Bildlegende:* Gefühle der Trauer und Bestürzung [...] Palästinensische Kinder befördern Gepäck von ihrem Lebensort und ihrem Heim zu einem Platz, über den sie überhaupt nichts wissen und wo sie nicht hingehören. *Mit Kenntnis der Bildlegende:* Nachdem ich die Beschreibung gelesen habe, bin ich sicher, dass dies Kinder aus Jaffa sind und gezeigt wird, wie diese ihr Gepäck zu einem neuen Platz befördern. Wenn ich diese Häuser sehe und sie mit der derzeitigen Situation vergleiche, dann sehe und fühle ich das Verbrechen, dem diese Menschen ausgesetzt waren. Und das Ausmaß der Ungerechtigkeit und des Schadens bei diesen Kindern, die eines normalen Lebens beraubt wurden.

Sami Adwan u. a. (Hg.): Zoom in. Palestinian Refugees of 1948, Remembrances, Dordrecht 2011, S. 10–13

M3 Der Daled-Plan – die israelische Interpretation

Vor dem Rückzug der Briten aus dem Land beschloss die Führung des Jischuv*, aus der Defensive zu kommen und zur Offensive überzugehen und entwickelte deshalb den Daled-Plan. [...] Der Daled-Plan sah vor, die Kontrolle über jene Gebiete abzusichern, die im Teilungsplan dem jüdischen Staat zugewiesen waren sowie über Jerusalem und die Straße, die dorthin führte. [...] Im Laufe des Daled-Plans wurden auch mehrere Städte mit gemischter Bevölkerung erobert: Haifa, Jaffa, Tiberias und Safed. Mithilfe des Daled-Plans wurde der Vormarsch der palästinensischen Araber gestoppt und ihre Flucht aus ihren Städten und Dörfern beschleunigt. [...]
Gleich in der ersten Flüchtlingsphase begannen die arabischen Einwohner, ihre Heimatorte im Land Israel zu verlassen. Als erste gingen die Wohlhabenden. [...] Das führte zu einer bedeutenden Schwächung der gesamten arabischen Gemeinschaft. [...] Die meisten militärischen und zivilen Führer der Juden im Land begrüßten die Flucht der Araber sowohl aus politischen Gründen (der künftige jüdische Staat würde auf diese Weise eine möglichst kleine arabische Minderheit umfassen) wie auch aus militärischen Gründen (dadurch wurde eine feindselige Bevölkerung aus dem Kampfgebiet entfernt). Während des Daled-Plans begannen Haganah*-Kämpfer, Araber zu deportieren. Es wurden jedoch nicht alle Araber deportiert, und es gab keine politischen Anweisungen von hoher Stelle diesbezüglich, allerdings besaßen die Militärführer Handlungsfreiheit. Dass die Araber flohen, lag also an den Deportationen und Einschüchterungen, aber auch an ihrer eigenen Angst, unabhängig vom Vorgehen der Israelis. Während des Krieges wurden etwa 370 arabische Dörfer zerstört. Außerdem kam es zu einer Reihe von Massakern, Diebstählen und Vergewaltigungen durch jüdische Kämpfer. Am bekanntesten wurde in diesem Zusammenhang Deir Jassin, ein Dorf in der Nähe von Jerusalem, wo mehr als 250 Araber [...] umgebracht wurden.

Sami Adwan/Dan Bar-On (Hg.): Das Historische Narrativ des Anderen kennen lernen. Palästinenser und Israelis, Berlin 2009, S. 27 f.

* Jischuv: jüdische Bevölkerung in Palästina vor der Gründung des Staates Israel

* Haganah: paramilitärische Untergrundorganisation von Juden während des britischen Mandats (1920–1948); UN-Resolution 181: Beschluss der UN-Generalversammlung vom November 1947, Palästina in einen jüdischen und in einen arabischen Staat zu teilen

M4 Die Ereignisse der Nakba 1948 – die palästinensische Interpretation

Nachdem die UN-Resolution 181 am 29. November 1947 von der Generalversammlung verabschiedet worden war, brachen Kämpfe und gewaltsame Auseinandersetzungen zwischen Juden und Palästinensern aus. Die Situation eskalierte zu einer ungleichen Konfrontation. Die zionistischen* Kräfte waren organisiert, bewaffnet und gut ausgebildet. Sie waren nicht nur den Palästinensern überlegen, die mehr als 30 Jahre durch ungerechte britische Politik und den zionistischen Terrorismus ausgelaugt waren, sondern diese Banden waren auch stärker als die arabischen Armeen, die am 15. Mai 1948 in den Krieg eintraten. [...]
Die Folgen dieser Katastrophe, unter der die Palästinenser immer noch leiden, sind schwerwiegend. Das Wort Katastrophe drückt aus, was dieser Nation widerfahren ist, die Massaker erleiden musste, über die man nur wenig weiß. [...] Das palästinensische Volk musste Entrechtung, Mord an seinem eigenen Land und die Entwurzelung von Menschen erdulden. Und dies durchaus nicht zufällig.
Die Katastrophe war die Folge von kontinuierlicher Unterdrückung, Tötungen, Hinrichtungen, Festnahmen, Zwangsexil und Konspiration gegen die Palästinenser. Dazu kamen Ignoranz, Schwäche und Anarchie innerhalb der palästinensischen Gesellschaft. Die sah sich Banden von Zionisten gegenüber, die noch dazu von den Briten unterstützt wurden. [...] 418 palästinensische Dörfer wurden innerhalb der Grenzen der Grünen Linie (der Grenze bis 1967) zerstört und dadurch die Spuren palästinensischen Lebens und der Massaker am palästinensischen Volk verwischt. Dies ist der beste Beweis für die Brutalität, der die Palästinenser ausgesetzt waren. Sie wurden in die ganze Welt zerstreut. Eines der berüchtigtsten Massaker war das von Deir Jassin am 9. April 1948. Mehr als 100 Märtyrer wurden dabei getötet, Dutzende verletzt.

Sami Adwan/Dan Bar-On (Hg.): Das Historische Narrativ des Anderen kennen lernen. Palästinenser und Israelis, Berlin 2009, S. 26–29

* Zionisten (zionistisch): Juden, die einen Staat Israel forderten

ENTNAZIFIZIERUNG, 1950

Fotograf	A. Schöpf, Studiofotograf
Titel/Bildlegende	–
Ort	Klagenfurt
Zeitpunkt	1944
Veröffentlichung	unbekannt (Privatfotografie)
Bildbeschreibung	Die Fotografie zeigt einen fülligen Herrn mittleren bis fortgeschrittenen Alters im dunklen Anzug mit Weste und Krawatte als Halbfigur vor einem neutralen Hintergrund. Das Brustbild entspricht den Eigenschaften einer Bewerbungsfotografie. Das Bildnis strahlt einerseits seriöse Gediegenheit und selbstsichere Bürgerlichkeit aus. Das deutlich erkennbare Parteiabzeichen der NSDAP (Hakenkreuz auf weißem Untergrund mit Umrandung) auf dem linken Revers zeigt eine politische Positionierung. Mit dieser ist zum Zeitpunkt der Aufnahme (1944) auch ein Bekenntnis und Statusanspruch verbunden. Bei einem anderen Abzug desselben Negativs ist das Parteiabzeichen mit blauen Strichen eines Kugelschreibers überkritzelt. Der Versuch des Unsichtbarmachens ist sichtbar. In seinen visuellen Andeutungen bleibt sogar das Hakenkreuz blass erkennbar.
Historischer Kontext	Der abgebildete Dr. Alfred Kempter war am 1. November 1931 in die NSDAP eingetreten und leitete zum Zeitpunkt der Aufnahme 1944 als Reichsdeutscher das Finanzamt Klagenfurt. Die mit dem Aufkommen des Kalten Krieges zunehmend nachsichtig und großzügig entscheidenden Spruchkammern stuften nach dem Krieg Kempter 1950 letztlich als „Mitläufer" ein (Gruppe I Hauptschuldige, II Belastete, III Minderbelastete, IV Mitläufer, V Entlastete). Diese Entscheidung erfolgte mit Bezug auf seine Bewährung nach 1945 gnadenhalber, denn tatsächlich sei seine ursprüngliche Einstufung als „primär Belasteter" (Gruppe II) eigentlich zutreffend. Der Artikel 131 des Grundgesetzes vom April 1951 gab allen Beamten, die seit 1945 nicht mehr beschäftigt worden waren, einen Rechtsanspruch auf Wiederbeschäftigung im öffentlichen Dienst. Davon war nur die Minderheit der „Hauptschuldigen" und „Belasteten" ausgenommen.
Deutung	Nach 1945 war ein politisches Bekenntnis zur NSDAP nicht opportun. Der Versuch der Tilgung des Parteiabzeichens auf dem persönlichen Foto steht stellvertretend für die „vitale Vergesslichkeit" (Dolf Sternberger) der bundesdeutschen Nachkriegsgesellschaft. Die Wiederbeschäftigung im öffentlichen Dienst geht einher mit der Wahrnehmungsverweigerung persönlicher Mitverantwortung am NS-Regime. Bei der NS-Finanzverwaltung betrifft dies in erster Linie die Ausplünderung der emigrierten und deportierten Juden.
Anregungen für den Unterricht	• M1, M2: *Bildvergleich, Assoziationen* • M3, M4, M5: Vergleich (Pro-und-Kontra-)Diskussion: Wiedereinstellung NS-Belasteter nach 1945 in den Staatsdienst? • M6: Opa war (k)ein Nazi? Diskussion: Familiengedächtnis vs. Geschichtsschreibung • Ein Nachruf auf den Verstorbenen (aus der Perspektive der Kinder, der Enkel …)

M1 Original: Dr. Alfred Kempter, 1944

M2 Bearbeitung: Dr. Alfred Kempter, 1945

Archiv Hamann

M3 NSDAP-Parteiakte von Alfred Kempter, Personalfragebogen 1936

1913–1919	Militärdienst, Teilnahme am I. Weltkrieg; Kriegsbeschädigung (60 %)
1917–1920	Studium der Staats- und Wirtschaftswissenschaften, Promotion 1920
1922–1945	Finanzverwaltung, Vorsteher des Finanzamtes Klagenfurt (1940–1945)
1931	Eintritt in die NSDAP; verschiedene Parteifunktionen auf lokaler Ebene
1933	Zitat Kempter: „War kurz nach der Machtübernahme mit der Durchführung des Gesetzes zur Bereinigung des Berufsbeamtentums im Bereich des Landesfinanzamtsbezirkes Karlsruhe beauftragt. Diese Tätigkeit brachte mir sehr viel Anfeindungen und Gegnerschaft aus den Kreisen der Berufsangehörigen meiner Verwaltung."
1946–1951	Steuerberater in der freien Wirtschaft
1949–1950	Entnazifizierung: Eingruppierung in der Gruppe der „Mitläufer"
1952–1956	Finanzverwaltung Bayern (Regierungsdirektor z. Wv.); Pensionierung Ende 1956

Bayrisches Hauptstaatsarchiv, MF 77308

M4 Stellungnahmen 1934, 1938 und nach 1945 über Kempter

Beurteilung Kempters durch den NSDAP-Kreisleiter 1934:

PG* Dr. Kempter ist ein alter Parteigenosse, der auch bereits lange vor der Machtergreifung für die Partei erfolgreich tätig war. [...] Er ist propagandistisch und organisatorisch sehr gut begabt und hat gute Erfolge aufzuweisen. Auf rednerischem Gebiet ist er bisher hier nicht hervorgetreten. [...] Seine besondere Begabung liegt auf dem wirtschaftlichen Gebiete. Gz. Pfeiffer, Kreisleiter (1934)

Befähigungsbericht 1938:

Kempter ist ein zuverlässiger Nationalsozialist, der bevorzugte Beförderung verdient.

Aussage nach 1945 von Hans Müller (1884–1961), ab 1927 Präsident der Oberfinanzdirektion Karlsruhe:

Herr Dr. Kempter hat sich meines Wissens während seiner Tätigkeit beim Landesfinanzamt Karlsruhe (1932/33) sehr stark für den Nationalsozialismus eingesetzt.

Bayrisches Hauptstaatsarchiv, MF 77308

* PG: Parteigenosse, als „alte Parteigenossen" galten Mitglieder, die vor dem 30. Januar 1933 in die NSDAP eingetreten waren.

M5 Beurteilung von Alfred Kempter, 1950

Prof. Dr. Rolf Grabower (1883–1963), Oberfinanzpräsident Nürnberg; als sog. „Dreivierteljude" im Sinne der NS-Gesetzgebung 1936 entlassen; 1942–1945 im Ghetto Theresienstadt:

RegDir. Dr. Alfred Kempter [...] bewirbt sich [...] um Wiederverwendung in der bayerischen Finanzverwaltung. [...] Aus meiner 8-jährigen Zusammenarbeit mit ihm kenne ich ihn als charaktervollen, tüchtigen, ruhigen und zuverlässigen Beamten, der sich von politischen Extravaganzen durchaus fern hielt. [...] Die politische Belastung Dr. Kempters (ist m. E.) nicht so schwerwiegend, dass sie eine Wiederverwendung in der Finanzverwaltung ständig ausschließen würde.

Bayrisches Hauptstaatsarchiv, MF 77308

M6 „Opa war kein Nazi"?

Eine repräsentative Bevölkerungsumfrage von Emnid aus dem Jahr 2002 zu den Erinnerungen der Familien über die NS-Zeit erbrachte folgende Ergebnisse:

So antworteten die Bundesbürger auf die Frage, ob ihre Eltern oder Großeltern, die die Zeit des Nationalsozialismus noch erlebt haben, dem NS-System gegenüber eher positiv oder eher negativ eingestellt waren, wie folgt: 49 % sind der Auffassung, dass ihre Angehörigen dem Nationalsozialismus sehr negativ oder eher negativ gegenüberstanden; lediglich 6 % meinen, sie seien sehr positiv (2 %) oder eher positiv (4 %) dem NS gegenüber eingestellt gewesen. [...]

Eine andere Frage richtete sich auf Einstellungen, Erlebnisse und Handlungen der Eltern oder Großeltern, die den Befragten aus Gesprächen in der Familie bekannt sind. Hierzu meinten lediglich 3 % der Befragten, ihre Angehörigen seien „antijüdisch gewesen", und nur 1 % hält es für möglich, dass diese „an Verbrechen direkt beteiligt gewesen" seien. 26 % der Befragten sind der Überzeugung, ihre Angehörigen hätten „Verfolgten geholfen" und 35 % hätten „nach Möglichkeit nirgendwo mitgemacht". Demgegenüber glauben 65 % der Befragten, dass ihre Eltern bzw. Großeltern „viel im Krieg erlitten hatten" und 63 % geben an, ihre Angehörigen hätten im „Dritten Reich" „Gemeinschaft erlebt".

[Es wird aus der Repräsentativbefragung] unmittelbar deutlich, dass es in deutschen Familien aus der Sicht der Familienangehörigen so gut wie keine Nazis gegeben hat; Antisemiten oder gar Tatbeteiligte kommen nochmals weniger vor. [...] Wer auch immer schuld am Holocaust war, wer auch immer die Verbrechen im Vernichtungskrieg, im Zwangsarbeitssystem und in den Lagern begangen hat – eines scheint für fast alle Bundesbürgerinnen und Bundesbürger klar: Opa war kein Nazi!

Harald Welzer/Sabine Moller/Karoline Tschuggnall: „Opa war kein Nazi". Nationalsozialismus und Holocaust im Familiengedächtnis, Frankfurt/M. 2002 (© S. Fischer Verlag GmbH), S. 246–248

VERTRAGSARBEITER IN DER DDR, 1987

Fotograf	Jürgen Sindermann (*1943), Bildjournalist (1967–1989, ADN)
Titel/Bildlegende	–
Ort	Rostock
Zeitpunkt	25. November 1987
Veröffentlichung	unbekannt
Bildbeschreibung	Die Innenaufnahme zeigt eine Produktionshalle der Textilindustrie. Das Foto wird dominiert von zwei Bildelementen. Näherinnen sitzen an Tischen und Nähmaschinen, die sich diagonal in die Tiefe des Bildraumes erstrecken. Dominant im Bildvordergrund sind zwei Frauen zu sehen. Neben einer asiatischen Näherin steht eine junge Frau mit hellen Haaren. Der Blick der beiden ist konzentriert auf ein Werkstück. Aus den Gesichtsausdrücken der beiden Frauen lässt sich schließen, dass die stehende Frau der Näherin etwas zeigt.
Historischer Kontext	Seit 1980 kamen vietnamesische Vertragsarbeiterinnen und -arbeiter in die DDR. 1989 arbeiteten rund 600000 in rund 700 Betrieben. Die SED wollte den Arbeitskräftemangel in Tätigkeitsbereichen für Unqualifizierte kompensieren. Die Lebensverhältnisse der Arbeitsmigranten standen im Kontrast zur offiziellen Berichterstattung über den „proletarischen Internationalismus". Sie lebten maximal fünf Jahre in der DDR und wurden dann durch neue Ankömmlinge ersetzt. Den Wohnort durften sie nicht frei wählen. Sie lebten in Wohnheimen der Betriebe in Mehrbettzimmern nach Geschlechtern getrennt. Binationale Liebesbeziehungen waren nicht erwünscht. Eheschließungen wurden möglichst verhindert. Bei Schwangerschaften mussten die Arbeiterinnen entweder ausreisen oder abtreiben. Zunächst 16 %, dann 12 % des Lohns wurden einbehalten und an die Sozialistische Republik Vietnam zum „Aufbau und Schutz der Heimat" überwiesen. Vertragsarbeiterinnen und -arbeiter hatten in der DDR jedoch kommunales Wahlrecht. Sämtlich mit dem Auslandsaufenthalt zusammenhängenden Kosten wurden von Seiten der DDR getragen.
Deutung	Die Diskriminierung ausländischer Vertragsarbeiterinnen und -arbeiter war, so die Historikerin Ann-Judith Rabenschlag, nicht nur sozialpolitischer Art. Die Bürgerinnen und Bürger der DDR wurden in der DDR-Presse als den Migranten überlegen dargestellt, in der „Rolle des Helfenden, des Lehrers und Erwachsenen", die „Zugewanderten dagegen in der Rolle des Bedürftigen, des Schülers oder gar des Kindes", so Rabenschlag (M2). Sindermanns Foto visualisiert eine asymmetrische Situation, die Rabenschlags allgemeinen Befund zu bestätigen scheint. Muss aber die Aufnahme Ausdruck eines paternalistischen Herrschaftsverhältnisses sein? Das Auftreten der deutschen Näherin könnte auch als solidarisches Handeln gedeutet werden. Grundlegende Einsicht: Fotografien bleiben ohne Kontextualisierung meist vieldeutig.
Anregungen für den Unterricht	• M1: *Adjektivliste*, *Denkblasen* (Verbalisierung von Gefühlen, Gedanken) • M1, M2: Diskussion der These Rabenschlags (M2) in Bezug auf die Fotografie (M1): Ein Bild der Überlegenheit der DDR-Bürger? • M3, M4: Motive Vietnams und der DDR am Abkommen über Vertragsarbeiter? Auswirkungen auf das Leben von diesen? Ergebnisse auf M1 beziehen • Diskussion: Vertragsarbeiter in der DDR – ein Ausdruck sozialistischer Völkerfreundschaft?

M1 Näherin aus Vietnam im VEB Jugendmode Rostock, 1987

Fotograf: Jürgen Sindermann, 25.11.1987 (Bundesarchiv, Bild 183-1987-1125-011)

M2 Analyse der DDR-Presse über deren Darstellung von Vertragsarbeitern

Gleich auf mehreren Ebenen wird in der Berichterstattung der DDR-Presse über ausländische Arbeitskräfte ein Machtgefälle aufgebaut, das die Bürger der DDR als überlegen, die Zugewanderten als unterlegen darstellt. So werden DDR-Bürger in der Rolle des Helfenden, des Lehrers und Erwachsenen präsentiert, die Zugewanderten in der Rolle des Bedürftigen, des Schülers oder gar des Kindes. Die Infantilisierung (im Sinne von: als Kind behandeln, bevormunden; Ch. H.) der Arbeitsmigranten zeigt sich etwa in ihrer konsequenten Anrede mit Vornamen, während deutsche Arbeitskollegen mit Nachnamen genannt werden.

Ann-Judith Rabenschlag: Arbeiten im Bruderland. Arbeitsmigranten in der DDR und ihr Zusammenleben mit der deutschen Bevölkerung, in: Deutschland Archiv, 15.9.2016, www.bpb.de/233678

M3 Vietnamesisches Formular zum „Vertrag zur befristeten Ausbildung und Arbeit im Ausland auf freiwilliger Basis"

Ich verpflichte mich,

1. dass meine Aussagen über persönliche Daten und Gesundheitszustand der Wahrheit entsprechen.
2. Beamte nicht zu bestechen, um im Ausland arbeiten zu dürfen.
3. entsprechend der zugeteilten Arbeitsaufgaben im Einsatzbetrieb zu arbeiten.
4. fleißig zu arbeiten und mich fortzubilden, um das Niveau der technischen und praktischen Fähigkeiten und der Fremdsprachenkenntnisse zu erhöhen und um zu garantieren, dass nach dem Auslandsaufenthalt ein höheres Wissensniveau erreicht wird als vor der Ausreise.
5. die Gesetze und Bestimmungen des Auslandes, sowie das Arbeitsrecht im Einsatzbetrieb streng zu befolgen, wie auch den Bestimmungen unserer Botschaft und unserer Organisationseinheit Folge zu leisten.
6. mich ordentlich und moralisch zu verhalten, mich auf positive Handlungen zu konzentrieren, bescheiden zu sein und kein unmoralisches Verhalten zu zeigen, keine Rauschmittel (Alkohol) zu nehmen, nicht um Geld zu spielen, mich nicht asozial zu verhalten, mich nicht in Schlägereien verwickeln zu lassen, keine ungesetzlichen Handlungen (Handel, Diebstahl ...) zu begehen.
7. solidarisch in der Gemeinschaft zu leben, Hilfsbereitschaft und Ehrlichkeit zu zeigen, sowie die Freundschaft zwischen unserem Volk und dem Gastvolk zu fördern.
8. freiwillig einen Teil meines Arbeitslohnes nach Vietnam zu überweisen für den Aufbau und die Verteidigung des Vaterlandes [...]
9. nach Rückkehr die durch die entsprechende Organisation erteilte Arbeit anzunehmen.

Die Nichteinhaltung der oben genannten Verpflichtungen ist strafbar. Wenn eine Rückführung nach Vietnam erfolgt, so habe ich für die entsprechenden Reisekosten und andere Kosten aufzukommen. Es ist außerdem ein Bußgeld [...] zu zahlen und der Fall wird entsprechend vietnamesischem Gesetz behandelt.

Einverständniserklärung der Familie | Unterschrift des Erklärenden

Bescheinigung der entsendenden Organisation/Institution/Betriebes

Oliver Raendchen: Vietnamesen in der DDR. Ein Überblick, Berlin 2000, S. 57 f.

M4 Vereinbarung über die Verfahrensweise bei Schwangerschaft vietnamesischer werktätiger Frauen in der DDR, 1987

1. Das gemeinsame Ziel der zwischen beiden Staaten vereinbarten Arbeitskräftekooperation besteht darin, dass vietnamesische Werktätige in Betrieben der DDR in einem bestimmten Zeitraum beschäftigt und qualifiziert werden. Die damit verbundenen Aufgaben stellen hohe Anforderungen an beide Seiten und auch an die vietnamesischen Werktätigen selbst. Schwangerschaft und Mutterschaft verändern die persönliche Situation der betreffenden werktätigen Frau so grundlegend, dass die damit verbundenen Anforderungen der zeitweiligen Beschäftigung und Qualifizierung nicht realisierbar sind.
2. Beide Seiten nehmen [...] darauf Einfluss, die vietnamesischen Werktätigen auf die Nutzung der Möglichkeiten zur Schwangerschaftsverhütung hinzuweisen und darüber zu informieren, dass Schwangerschaft und Mutterschaft mit ihrem Delegierungsauftrag nicht vereinbar sind. [...]
3. Vietnamesische Frauen, die die Möglichkeiten der Schwangerschaftsverhütung bzw. -unterbrechung nicht wahrnehmen, treten [...] die vorzeitige Heimreise an. Im Falle unbegründeter Ausreiseverweigerung wird die Botschaft der SR Vietnam in der DDR gegenüber den zuständigen Organen der DDR unverzüglich die Einleitung erforderlicher Maßnahmen zur Sicherung der Ausreise beantragen. Die durch die Ausreiseverweigerung verursachten Kosten trägt die vietnamesische Seite. [...]

Oliver Raendchen: Vietnamesen in der DDR. Ein Überblick, Berlin 2000, S. 120 f.

SCHUSS UND GEGENSCHUSS – BLICKE DER ÜBERWACHUNG: DIE STASI, 1987

Fotograf	Siegbert Schefke (*1959), DDR-Bürgerrechtler, Journalist
Titel/Bildlegende	–
Ort	Berlin-Mitte, Griebenowstraße 16
Zeitpunkt	November 1987
Veröffentlichung	nach 1989/90
Bildbeschreibung	Im Eingangsbereich eines Wohnhauses steht neben dem Treppenaufgang zu den Wohnungen und den Briefkästen ein Mann, der durch ein Objektiv einer (Film-) Kamera direkt in die Richtung des Fotografen blickt (M1). Die Lichtverhältnisse im Hausdurchgang würden eine Positionierung des Filmenden weiter vorne nahelegen. Er steht aber leicht nach hinten versetzt im halbdunklen Bereich des Durchgangs. Seine Anwesenheit ist zwar sichtbar, ihn selbst kann man aber nicht persönlich identifizieren.
Historischer Kontext	Die Umweltbibliothek in zwei Kellerräumen des Gemeindehauses der Zionskirche in Berlin-Mitte war ein Treffpunkt von DDR-Oppositionellen. Dort wurde von Bürgerrechtlern die Zeitschrift „Umweltblätter" hergestellt. Von einem Inoffiziellen Mitarbeiter der Stasi laufend informiert drang diese in der Nacht zum 25. November 1987 in die Kellerräume ein, beschlagnahmte die Druckmaschinen und verhaftete alle anwesenden Mitglieder der Umweltbibliothek (Aktion „Falle"). In der Zionskirche wurde daraufhin eine Mahnwache eingerichtet. Mitarbeiter der Staatssicherheit filmten im November 1987 offen Besucher der Mahnwache im Hof des Gemeindehauses in der Griebenowstraße 16. Mit der filmischen Dokumentation und ihrer personellen Präsenz wollten sie die Unterstützer einschüchtern. Trotzdem steigt sowohl die Zahl der Teilnehmer als auch die der Besucher in der Folge an.
Deutung	Die offene Observation der Bürgerrechtler (M1) verfolgte den Zweck der Kontrolle wie der Einschüchterung der Opposition. Die Stasi sollte hier gesehen werden. Die Szene ist eine Drohszene. Schefkes spontan geschossenes Foto vom filmenden Stasimann wiederum dokumentierte seinerseits die Observation und damit die Repression durch die Stasi. Schefkes Aufnahme kann als Ausdruck des gestärkten Selbstbewusstseins der Bürgerrechtler verstanden werden. Macht schüchtert zwar ein, aber nicht mehr so sehr, als dass man der Macht nicht mit ihren eigenen Mitteln begegnet. Fotografischer Schuss wie Gegenschuss sind Ausdruck – zumindest in diesem Moment und in dieser Situation – eines Patts. Das Observationsfoto (M2) einer anderen Situation wiederum ist als solches zu erkennen, denn das Foto entspricht nicht den konventionellen Erwartungen an eine geglückte Aufnahme. Aus der Untersicht werden die Observierten heimlich von der Seite aus mittlerer Entfernung aufgenommen; randständig erkennbar sind auch Unbeteiligte. Diejenigen, um die es dem Fotografen eigentlich ging, sind aufgrund der konspirativen Situation wiederum nicht nahe und bildfüllend fokussiert. Vor allem an den Abdunkelungen an den Rändern/Ecken ist zu erkennen, dass das Foto verdeckt aufgenommen worden war. Als „Maske" hatte die Stasi einen Regenschirm mit einem Loch in einem Durchmesser von 2–3 cm verwendet, hinter dem sich das Objektiv verbarg. Sie verfügte zudem über Spezialkameras, die geräuschlos schießen konnten.
Anregungen für den Unterricht	• M1, M2: *Cluster, Écriture automatique, Schreibgespräch, Fotograf* • Analyse der Fotos (M1) als Mittel des Widerstands, der Observation; Analyse der Merkmale (s. o.) des Observationsfotos (M2) • M3: Analyse/Beurteilung der Ziele/Mittel des MfS • M4: Analyse/Beurteilung der Aktivitäten der Umweltbibliothek, der Kirche, von Schefkes Reaktion auf die Überwachung • M5: Diskussion: „Das Vergangene ist nicht tot; es ist nicht einmal vergangen."? (William Faulkner)

M1 Die filmende Staatssicherheit im Visier von Siegbert Schefke, 1987

Fotograf: Siegbert Schefke, 1987 (Robert-Havemann-Gesellschaft/Siegbert Schefke, RHG_Fo_HAB_10055)

M2 Siegbert Schefke und andere im Visier der Stasi, 28. August 1989

Mitglieder der „Initiative Frieden und Menschenrechte" verteilen während des Solidaritätsbasars des Verbandes der Journalisten der DDR auf dem Ostberliner Alexanderplatz an den einzelnen Ständen eine „Erklärung zur Arbeit der Massenmedien". In der Bildmitte Schefke im hellen Shirt. Sie werden vom MfS observiert.

Fotograf: unbekannt (BStU MfS, HA XX/Fo/738/Bild 16)

M3 Pläne der Staatssicherheit der DDR zur Überwachung Schefkes, 1987

BV* Berlin Übersichtsbogen zur operativen Personenkontrolle „Satan" (12./21.5.1987)
Bei SCHEFKE handelt es sich um ein führendes Mitglied des Redaktionskreises der „Umweltbibliothek". Er zeichnet verantwortlich für die Durchführung intelektueller (!) und künstlerischer Veranstaltungen in der UB*. SCHEFKE bezieht eine politisch-negative Grundhaltung zu den gesellschaftlichen Verhältnissen in der DDR. Er ist Verweigerer des Wehrdienstes mit der Waffe und Mitunterzeichner verschiedener Pamphlete und Eingaben. Er unterhält Kontakte ins OG*, über die er westliche Literatur bezieht:
Zielstellung der OPK*

1. Erkennen und vorbeugende Verhinderung von öffentlichkeitswirksamen Aktivitäten
2. Zurückdrängen des Einflusses von SCHEFKE innerhalb des Führungskreises der „UB"
3. Erarbeitungen von Hinweisen auf mgl. Verletzungen der §§ 106, 214, 219 und 220 StGB*.
4. Aufklärung und Personifizierung der NSW*-Kontaktpartner und Unterbinden des Bezugs westlicher Literatur.

Eingesetzte IM/GMS: IMB* „Christian"; IMB „Reinhard Schumann"; IMS* „Markus Hirsch"; IMS-VL* „Buch"

Übersichtsbogen zur operativen Personenkontrolle „Satan" (12./21.5.1987), Bl. 8. OV „Satan" (Robert-Havemann-Gesellschaft Berlin, BStU-Kopie)

* BV: Bezirksverwaltung des MfS
* OPK: Operative Personenkontrolle
* UB: Umweltbibliothek
* OG: Operationsgebiet – Bundesrepublik
* NSW: nichtsozialistisches Wirtschaftsgebiet
* IMB: Inoffizieller Mitarbeiter der Abwehr, der Abwehr mit Feindverbindung bzw. zur unmittelbaren „Bearbeitung" im Verdacht stehender Personen
* IMS: Inoffizieller Mitarbeiter zur politisch-operativen Durchdringung und Sicherung des Verantwortungsbereichs
* IMS-VL: Vorlauf zu einem IM-Vorgang
* StGB (Strafgesetzbuch): § 106 Staatsfeindliche Hetze, § 214 Beeinträchtigung staatlicher oder gesellschaftlicher Tätigkeit, § 219 Ungesetzliche Verbindungsaufnahme, § 220 Öffentliche Herabwürdigung (1968 bis 1977 Staatsverleumdung)

M4 Überwachungsbericht der Staatssicherheit der DDR – Auszug, 1988

So war [Schefke] mitverantwortlich für die Organisation

- der Veranstaltung „Ziviler Ersatzdienst – packen wir es an" am 23.04.87,
- der Lesung mit der operativ bekannten Schriftstellerin Monika Maron vom 28.05.87,
- eines Punkkonzertes im Saal der Zionskirche vom 16.06.87,
- des Vortrages „Pazifismus um 1900" vom 30.06.87,
- des Punkkonzertes am 18.10.87 im Saal der Zionskirche,
- des sogenannten „IV. Berliner Ökologieseminars" in den Räumlichkeiten der Zionskirchengemeinde vom 27.-29.11.87. [...]

Im Zusammenhang mit den Folgeereignissen zur Aktion „Falle" entwickelte Schefke umfangreiche politisch-negative Aktivitäten, die darauf hinausliefen, die Maßnahmen der Schutz- und Sicherheitsorgane zu stören. Er versuchte während der „Fürbittandachten" und „Mahnwachen" ständig Mitarbeiter des MfS zu identifizieren und diese durch provozierendes Verhalten zu unüberlegten Handlungen zu bewegen. [...]
Des Weiteren war zu verzeichnen, dass Schefke bei alle „Fürbittandachten" sowie im zeitlichen und territorialen Umfeld der „Mahnwachen" vor der Zionskirche ständig die Maßnahmen der Schutz- und Sicherheitsorgane fotografisch dokumentierte. [...]

Eröffnungsbericht zum OV „Satan" (Siegbert Schefke), 1.3.1988, Bl. 27/28. OV „Satan" (Robert-Havemann-Gesellschaft Berlin, BStU-Kopie)

M5 Siegbert Schefke: Kommentar zu meiner Stasiüberwachung, 2018

Das Foto (M1) entstand auf dem Hinterhof der Umweltbibliothek in Berlin-Mitte. Diese durfte von der Stasi eigentlich nicht betreten werden, denn der Hauseingang wie der Hinterhof waren Kirchengelände. Bisher war es unüblich, dass sich die Stasigenossen mit einer Videokamera zeigten. Ich schoss mein Foto gewissermaßen spontan aus dem Bauch. Nun waren *die* überrascht, denn *ich* griff *sie* mit meiner Kamera an. Welch eine Angst und Freude ich dabei hatte! Meine Frage war ja „durfte ich diese Stasileute überhaupt bei ihrer Arbeit fotografieren?"! Wie so oft im Leben sagte ich mir „einfach machen". Noch immer erfreuen mich diese 20 Sekunden voller Dramatik.
Das andere Foto (M2) machten die Stasigenossen auf dem Alexanderplatz. Ich traf mich mit einem Freund, und wir wollten eine Demo zur Erinnerung an die Wahlfälschungen beobachten. Die kreisförmigen dunklen Stellen am Bildrand machen deutlich, dass die Stasigenossen verdeckt aus einem Regenschirm fotografiert haben. Ich denke: Was macht der Stasifotograf heute wohl? Freut er sich auch oder rechtfertigt er sein Handeln vor seiner Ehefrau, vielleicht auch Ehemann, und seinen Kindern!
Ich habe im Sommer 1991 meine Stasiakte (Auszüge M3, M4) gelesen. Sie hat den Namen OV „Satan" und umfasst neun Aktenordner mit jeweils 300 Schreibmaschinenseiten, also rund 2.700 Seiten. Sechs Ordner wurden bisher gefunden. Eigentlich geht es nur um Verrat von Freunden. Freunde, die welche sein wollten; Freunde, die erpressbar, zu schwach waren oder sich den Verrat bezahlen ließen.
Ein damaliger Freund in der DDR wollte mich ins Gefängnis bringen. Dieser Verräter wurde für seine Stasidienste, seinen Verrat, gut bezahlt. 500 Mark jeden Monat und das jahrelang! Was mache ich nach dem Lesen dieser „Lektüre"? Wir trafen uns nach 1989/90 noch zwei Mal zur Aussprache! Nein, obwohl ich zögerte, ich habe den Verräter nicht aus dem Fenster geworfen! Ich bat darum, das viele Geld, welches er durch den Verrat „verdient" hat, doch Amnesty International oder Greenpeace zu überweisen. Sozusagen als Wiedergutmachung! Hat er nicht gemacht. Empfinde ich Wut oder gar Hass für diesen Menschen? Nein, es ist nur eine unglaubliche Enttäuschung. Und es stellt sich mir immer noch die Frage, „zu was Menschen in der Lage sind?"! Nun lebt er, wie ich und du, der dies liest, in Freiheit. Nur darum geht es im Leben! Ohne Freiheit ist alles unfrei und wer möchte das schon!

Erläuterung: Operativer Vorgang Siegbert Schefke (2. März 2018)

BORN IN THE USA – SPRINGSTEEN IN DER DDR, 1988

Fotograf	Harald Hauswald (*1954), freiberuflicher Fotograf
Titel/Bildlegende	–
Ort	Berlin-Weißensee
Zeitpunkt	19. Juli 1988
Veröffentlichung	unbekannt
Bildbeschreibung	In der Halbtotale sind frontal zwei Gruppen aufgenommen, die durch eine halbhohe Begrenzung voneinander getrennt sind. Hinter der Absperrung befindet sich eine große Menge junger Erwachsener, deren Aufmerksamkeit auf etwas fokussiert ist, das sich außerhalb des Bildes links vom Fotografen ereignet. Viele von ihnen haben die Hände erhoben und klatschen. Im Bildvordergrund – von der Menge klar abgegrenzt – sitzen regungslos zwei junge Männer in Hemden, die sie als FDJ-Mitglieder ausweisen. Der Rechte der beiden sieht in die Kamera des Fotografen, der andere ohne erkennbare Fokussierung an dieser links vorbei. An der Brusttasche seines Hemdes ist ein Schriftstück befestigt, welches wie ein Ausweis wirkt. Im Gegensatz zur begeisterten Menge wirken beide erstarrt, ihre Gesichter drücken Unbehagen und Missmut aus.
Historischer Kontext	Im Juni 1987 fand in Berlin (West) vor dem Reichstag ein Rockfestival mit Stars wie David Bowie und Genesis statt. Dieses lockte auch in Ostberlin Fans an das Brandenburger Tor – am dritten Tag waren es 3.000 bis 4.000. Nachdem diese auch politische Losungen wie „Die Mauer muss weg" oder „Gorbi, Gorbi" riefen, griffen die Staatssicherheit und die Polizei hart durch. Nach diesen Demonstrationen versuchten SED und FDJ mit Konzerten von westlichen Rockstars in Ostberlin, DDR-Musikfans zu befrieden und wieder politischen Einfluss auf diese zu bekommen. Der Höhepunkt dieser Strategie war das Konzert von Bruce Springsteen am 19. Juli 1988 in Berlin-Weißensee. Es war von der FDJ dem 9. Jahrestag der sandinistischen Revolution in Nicaragua gewidmet und sollte für den Antiamerikanismus der SED instrumentalisiert werden. Springsteens Management wiederum legte Einspruch gegen diese Instrumentalisierung ein und zwang die FDJ, entsprechende Transparente aus dem Bühnenbereich zu entfernen (Rauhut, 138).
Deutung	Hauswald schoss diese Aufnahme aus dem Fotografengraben mit der Bühne im Rücken. Sein Thema ist der Gegensatz zwischen Staat und Gesellschaft in der DDR. Für diese stehen die beiden FDJ-Ordner im Bildvordergrund einerseits und die Musikfans andererseits. Dieser lässt sich mit vielen Vokabeln charakterisieren, z. B. geduckte Erstarrung – überbordendes Leben, gelähmte Tristesse – gespannte Aufmerksamkeit, isolierte Macht – machtvolle Gemeinschaft ... Der Gegensatz ist zugleich grundsätzlich, denn die beiden Lager sind durch die Absperrung voneinander getrennt. Die FDJ-Vertreter erscheinen einerseits unnahbar und andererseits – obwohl der Raum nach vorne offen zum Bildbetrachter ist – durch die nahe Kamera ihrerseits eingezwängt wie auch ausgeschlossen und isoliert. Grundlegende Einsicht: Erfolgreiche Bilder vermitteln ein Interpretationsangebot durch (bildimmanente) Kontraste, die beim Betrachter auch ohne Kontextwissen Assoziationen anregen.
Anregungen für den Unterricht	• M1: *Adjektivliste, Bildlegende I, III, Denkblasen* • M2: Analyse der DDR-Presse (Instrumentalisierung Springsteens) • M2: vs. M3, M4: Vergleich DDR-Presse und Aussagen von Hauswald/Springsteen • M5: Analyse Sandow-Song; Erläuterungen zu: „Jetzt, jetzt" (anstelle von Zukunftsversprechen), „bauen auf" („Bau auf, bau auf"), „tapezieren" (Hager) ...

M1 Harald Hauswald: Born in the USA – Springsteen in der DDR, 1988

Fotograf: Harald Hauswald, 19.7.1988 (Harald Hauswald/OSTKREUZ)

M2 DDR-Berichterstattung über das Springsteen-Konzert

Von glühender Energie und vibrierender Kraft/Bruce Springsteen elektrisierte sein Publikum/160 000 in Weißensee [...] Mag sein, gerade der Titelsong war anfänglich mitunter ein Missverständnis, indessen durfte es sich herumgesprochen haben, daß „Born in the U.S.A.", bei Konzerten wie eine Hymne mitgesungen, kein Vaterlandsbekenntnis ist, sondern ein Song über das amerikanische Vietnam-Trauma. [...]

Seine Haltung zu Unterprivilegierten und Außenseitern bekräftigt Springsteen mit Spenden von jährlich mehreren Millionen Dollar für Arbeitslose, Vietnam-Veteranen, Kinder in Not. Er war dabei, als durch die Aktion „We are the world"* Hilfe für die Hungernden Afrikas organisiert wurde, und beteiligt sich am Künstlerboykott gegen das rassistische Vergnügungszentrum Sun City*. Alles Image-Pflege", wissen Kritiker mitunter zu berichten, und erklären soviel soziales Engagement eines Multimillionärs für suspekt. Nun, wenn solche Haltung dem Image (ehrlich, anständig, bescheiden) zuträglich ist und den Zuhörern auch, weil sie damit ihre Lebenssituation besser begreifen, sollte man daran nichts auszusetzen haben.

In erster Linie freilich fesselt der Rockstar sein Publikum musikalisch und – wie man bei dem bisher größten von der FDJ organisierten Konzert erleben konnte – auch visuell.

Birgit Walter: Berliner Zeitung, 21.7.1988, S. 7

* We are the world: Song von Michael Jackson und Lionel Ritchie aus dem Jahr 1985

* Sun City: Freizeitkomplex in Südafrika, der zu Zeiten der Apartheid von vielen Künstlern boykottiert wurde

M3 Der Fotograf Harald Hauswald über das Springsteen-Konzert 1988

Das tollste Konzerterlebnis war schon wirklich Bruce Springsteen 1988. Da hatte ich schon Gänsehaut, als die Fans alle mitgesungen haben. Bruce Springsteen sagt ja selber, dass das sein gigantischstes Konzert war. Offiziell verkauft wurden 160.000 Eintrittskarten, aber dann wurde gestürmt und man schätzt, dass zwei- bis dreihunderttausend Menschen da waren. Wenn man sich überlegt, dass zweihunderttausend DDR-Jugendliche „Born in the USA" singen [...] Dann war ja klar, dass irgendwas nicht in Ordnung ist. Auch diese riesige USA-Fahne, die da geschwenkt wurde [...] wenn die damit übern Alex spaziert wären: zwei Jahre Knast. *(lacht)*

https://www.rbb24.de/kultur/beitrag/2017/05/interview-mit-ostkreuz-fotograf-harald-hauswald.html

M4 Ansage von Bruce Springsteen während des Konzertes 1988

Ich bin nicht für oder gegen irgendeine Regierung hier, sondern um Rock'n' Roll zu spielen. Ich hoffe, dass eines Tages alle Barrieren fallen!

Michael Rauhut: Schalmei und Lederjacke. Rock und Politik in der DDR der achtziger Jahre, Erfurt 2002, S. 138

M5 Punk-Band Sandow (Cottbus): Born in the G.D.R.

Jetzt, jetzt lebe ich
Jetzt, jetzt lebe ich
Jetzt, jetzt trinke ich
Jetzt, jetzt stinke ich
Jetzt, jetzt rauche ich
Jetzt, jetzt brauch' ich dich

Wir bauen auf und tapezieren nicht mit
Wir sind sehr stolz auf Katarina Witt
Born in the G.D.R.
Wir können bis an unsere Grenzen gehen
Hast du schon mal drüber hinweg gesehen
Ich habe 160 000 Menschen gesehen
Die sangen so schön, die sangen so schön: Born in the G.D.R.

Sandow: Stationen einer Sucht, Amiga 1990, Text/Musik/Video: https://deutschelieder.wordpress.com/2012/11/05/sandow-born-in-the-gdr/

4. DIE FOTOGRAFIE ALS SYMBOL

„AUGUSTERLEBNIS" – KRIEGSAUSBRUCH BERLIN, 1914

Fotograf **Titel/Bildlegende**	Wilhelm Braemer (1887–1970), Pressefotograf „Ein Abschiedsgruß aus zarter Hand bei dem Ausmarsch"
Ort **Zeitpunkt** **Veröffentlichung**	Berlin zwischen dem 1. und 15. August 1914 Deutsche Kriegszeitung Nr. 1 (16. August 1914), S. 5
Bildbeschreibung	Auf einem repräsentativen Straßenzug bewegt sich eine Kavallerie-Einheit von rechts hinten diagonal nach links vorne durch den Bildraum. Der neben dem Zug stehende Fotograf fokussiert eine junge Frau, die von einem sich vom Pferd nach ihr bückenden Soldaten einen Handkuss bekommt. Die beiden blicken sich an. Im Hintergrund rechts wird die Szene von einem ebenfalls neben dem Zug laufenden Herrn beobachtet. Dieser trägt einen Anzug, einen Strohhut sowie Zeitungen und einen Stock. Er scheint ebenso glücklich zu sein wie die Frau.
Historischer Kontext	Verbreitet war lange Zeit eine Vorstellung, der Kriegsausbruch 1914 sei begleitet worden von einer nationalen Begeisterung quer durch alle Schichten des Volkes. Aus dem Wort Wilhelms II. „Ich kenne keine Parteien mehr, sondern nur noch Deutsche" wurde der Mythos der deutschen Volksgemeinschaft, die allein von Patriotismus und Kampfbereitschaft durchdrungen gewesen sei. Tatsächlich war dies aber vor allem eine Erscheinung des Bürgertums. „Aus drei Bereichen", so der Historiker Jeffrey Verhey, „gab es in Deutschland praktisch keine Berichte über begeisterte oder zumindest neugierige Massen in den beiden ersten Kriegswochen: aus den ländlichen Dörfern und Städten, aus den Arbeitervierteln der Großstädte und aus den Grenzgebieten" (Verhey 1914, 159).
Deutung	Die Fotografie vom „Augusterlebnis" zeigt Geschehenes, sie ist aber nicht repräsentativ für die Stimmung im August 1914. Und sie visualisiert das, was Verhey konstatierte. Die Kleidung zeigt, dass die Fußgänger nicht aus der Arbeiterklasse kommen, sondern dem Bürgertum angehören. Nach eigenen Aussagen zeigt das Foto das Paar Dr. Fritz Schlesinger und seine Verlobte Emmy, welche einen Freund verabschiedeten. Das Paar heiratete im November 1914. (Als Juden verfolgt emigrierten beide nach 1933 nach Palästina und 1954 in die USA. 1971 kehrten sie nach Berlin zurück.) Aufgrund des Einsatzes von Maschinengewehren, Panzern und aufgrund der damit verbundenen hohen Verluste bei der Kavallerie spielte diese im Ersten Weltkrieg kaum noch eine militärisch relevante Rolle. Sie erscheint im Foto als visuelle Reminiszenz an traditionelle Schlachten früherer Kriege. Grundlegende Einsicht: Auf der Grundlage einer einzelnen Fotografie können keine Aussagen darüber gemacht werden, ob das Gezeigte repräsentativ ist.
Anregungen für den Unterricht	• *Assoziationen* zum Thema Krieg • M1: *Dialog I,* Beschreibung, Interpretation • M1 und M2, M3, M4: Vergleich • Analyse: Darstellung der Mobilmachung 1914 im Schulbuch • Diskussion: „Können Fotografien lügen?"

M1 Mobilmachung der deutschen Armee 1914 in Berlin

Fotograf: Wilhelm Braemer, 1914

M2 Pressebericht aus Berlin, August 1914

Was vorauszusehen war, ist eingetreten; der Hurraspiritus ist verflogen und das dumpfe Ahnen eines herannahenden, unabsehbaren, namenlosen Unheils lastet auf der großen Menge derer, die da neuesten Ereignisse harren. Die Sechzehnjährigen sind fast gänzlich verschwunden und das Straßenleben wird beherrscht von Erwachsenen. Ein riesiger Menschenstrom bevölkert die Linden und den Schlossplatz, doch die Grundstimmung ist ernst und gedrückt [...] Ein paar junge Leute versuchen, eine Ovation zu entfalten, die aber kläglich verpufft. [...] Wie Zentnerschwere drückt es auf die Gemüter. Und wir sind erst am Anfang der Begebnisse.

Die Stimmung Unter den Linden, Vorwärts, 1.8.1914, Nr. 207, in: Jeffrey Verhey: Der „Geist von 1914" und die Erfindung der Volksgemeinschaft, Hamburg 2000, S. 114f.

M3 Pressebericht aus Fürth, August 1914

[...] eine gedrückte Stimmung [...] Bange blickt man in die nächste Zukunft [...] Viel Tränen sind schon geflossen, herzzerreißende Szenen spielen sich ab, wenn die Lieben einrücken.

Fürther Zeitung, 3.8.1914, S. 3, in: Jeffrey Verhey: Der „Geist von 1914" und die Erfindung der Volksgemeinschaft, Hamburg 2000, S. 124

M4 Pressebericht aus Nürnberg, August 1914

Der fieberhafte Lärm, der in den Tagen vor der Mobilisation die Straßen durchhallte, verstummt allmählich. Die meisten Menschen gehen ernst und bedrückt aneinander vorüber. [...] ja, es gibt viele Tränen – trotz aller Vaterlandsliebe, aller Opferbereitschaft.

Nürnberger Stadtzeitung, 4.8.1914, S. 2, in: Jeffrey Verhey: Der „Geist von 1914" und die Erfindung der Volksgemeinschaft, Hamburg 2000, S. 126

FACKELZUG DURCH DAS BRANDENBURGER TOR, 1933

Fotograf	unbekannt (Heinrich Hoffmann, 1885–1957; zugeschrieben)
Titel/Bildlegende	–
Ort	Berlin, Brandenburger Tor
Zeitpunkt	Sommer 1933
Veröffentlichung	Standbild aus dem NS-Spielfilm „Hans Westmar“
Bildbeschreibung	Das Standbild zeigt aus der Vogelperspektive in einer Totale Marschkolonnen, die diagonal von links oben nach rechts unten den Bildraum durchqueren. (Es wurde vermutlich vom Hotel Adlon aus gemacht.) Der Formationszug ist am Straßenrand gesäumt von Menschen, die den Hitlergruß zeigen. Auf dem Wohnhaus des Malers und Zeitzeugen Max Liebermann im Bildhintergrund rechts oben ist erkennbar eine Lichtquelle, welche den Platz erleuchtet. Das Bild zeigt, dass sich auf dem Platz noch andere Lichtquellen befinden. (Vergrößerungen der Aufnahme lassen erkennen, dass die Menschen keine Winterkleidung tragen.)
Historischer Kontext	Ernennung von Adolf Hitler zum Reichskanzler durch den Reichspräsidenten Paul von Hindenburg am 30. Januar 1933.
Deutung	Das Brandenburger Tor stand und steht als Symbol für die nationale Einheit Deutschlands. Das Ritual des repräsentativen Durchmarsches von militärischen Einheiten in den Bezirk der Macht (Regierungsviertel, Botschaften u. a.) bekräftigt diese nationale und politische Sinnbildung. Daran knüpften am 30. Januar 1933 die Nationalsozialisten mit ihrem Fackelzug an. Das Ritual des Durchmarsches ist eine Inszenierung, das Foto selbst aber auch. Denn es stammt nicht vom 30. Januar 1933, sondern ist ein Standbild aus dem NS-Spielfilm „Hans Westmar“. Mit dieser doppelten Inszenierung setzte die NSDAP das Narrativ der „nationalen Revolution/Wiedergeburt“ wirkmächtig um. Gegenüber den authentischen Aufnahmen vom Januar hat das Standbild vom Sommer den Vorteil, dass die Formationen der Marschierenden ebenso deutlich zu erkennen sind wie die Zuschauer am Straßenrand, welche geschlossen die Hand zum Hitlergruß heben. Die zeitgenössische NS-Berichterstattung übertreibt im Sinne des nationalen Aufbruchs die Zahl der Beteiligten und unterschlägt, dass es etwa 15.000 Menschen waren, die am 30. Januar nicht spontan, sondern wohlorganisiert den Marsch vollzogen. Der damalige britische Botschafter in Berlin, Horace Rumbold, urteilte, die Bevölkerung nehme die Ernennung Hitlers zum Reichskanzler „phlegmatisch“ auf und berichtet von einer „philosophischen Ruhe“ der deutschen Bevölkerung an diesem eisig kalten Januartag. Der Historiker Ian Kershaw befand: „Wer nicht gerade ein nationalsozialistischer Fanatiker oder aktiver Regimegegner war, zuckte mit den Schultern und setzte sein bisheriges Leben fort“ (Kershaw: Hitler 1889–1936, Stuttgart 1998, S. 547 ff.). Die mit der Aufnahme vom Fackelzug visualisierte Zäsur wurde also von den Zeitgenossen so nicht wahrgenommen. Grundlegende Einsicht: Mitunter kann schon die quellenkritische Analyse der Fotografie auf Widersprüche aufmerksam machen.
Anregungen für den Unterricht	• M1: *Fünf-Sinne-Check* • M1, M2: Bildvergleich (Unterschiede, Gemeinsamkeiten) • M1, M3: Vergleich der Darstellung des Fackelzuges • M4, M5: Vertiefung: 1933 – eine *nationale* Revolution? • *Fotokartei* Brandenburger Tor (gestern – heute)

M1 Fackelzug am Brandenburger Tor, Sommer 1933

Filmbild aus „Hans Westmar" (Bundesarchiv, Bild 137-048390)

M2 Fackelzug am Brandenburger Tor, Januar 1933

Fotograf: unbekannt, 1933

M3 Erinnerungen an den Fackelzug vom 30. Januar 1933

Stéphane Roussel, Berliner Korrespondentin von Le Matin:

Ich nehme auch Bilder und Gesten wahr, die ich nie vergessen werde und die kein Fotograf je festhalten wird: Männer und Frauen, die den Blick beim Vorbeiziehen der braunen Uniformen abwenden, und die möglichst schnell im Innern der Häuser verschwinden wollen. Die Mühe haben, ihren Zorn, ihre Ohnmacht, ihren Schmerz oder ihre Angst zu verbergen. Ich sehe ein junges Mädchen, tränenüberströmt. Vom Bürgersteig beobachtet sie, wie alle anderen die vorbeimarschierende SA. Die Umstehenden rücken von ihr ab. An diesem Tag des Sieges ist es nicht gut, an der Seite einer Frau, die weint, gesehen zu werden.
Es ist ebenso schwierig, sich aus der Menge zu lösen, wie einen Platz in ihr zu finden. Dort, wo ich stehe und von wo ich nun wegzukommen versuche, werde ich Zeuge eines jenes für den Abend typischen „kleinen" Fehlverhaltens: SA-Leute prügeln erbarmungslos auf einen noch jungen Mann ein, der sich geweigert hatte, eine Hakenkreuzfahne zu grüßen. Die Polizei ist zwar allgegenwärtig, sieht aber zu, ohne einzugreifen. Mehrere Schüler, die sich eine Kluft verpasst haben, die mit den roten Armbinden ein wenig wie eine Naziunform aussieht, verfolgen die Szene mit Interesse. Dem Mann mit dem blutig geschlagenen Gesicht gelingt es zu fliehen, und er verschwindet in der Nacht.

Stephane Roussel: Les Collines de Berlin. Un regard sur l'Allemagne, Paris 1985, S. 61, 63 (Übersetzung aus dem Französischen durch Andrea Schinschke, Berlin)

M4 NS-Interpretation des Fackelzuges durch Joseph Goebbels

Und abends erlebte dann Berlin einen Feiertag, so mächtig, so gewaltig und mitreißend, wie ihn die Reichshauptstadt wohl seit jenen Augusttagen 1914 nicht mehr gesehen [...] Ein unendlicher Strom, der Massen aller Stände, aller Klassen wallt durch die Straßen. Fackeln leuchten auf, und unter den Klängen preußischer Märsche biegen die braunen Kolonnen ein in das Regierungsviertel, ziehen in die Wilhelmstraße, die Soldaten Deutschlands, die kämpften, bluteten, die alles hingaben und deren großer Sieg dieser Tag ist.

Illustrierter Beobachter, Nr. 6, 11.2.1933, in: Rudolf Herz: Hoffmann & Hitler. Fotografie als Medium des Führer-Mythos, München 1994, S. 205

M5 War das Berlin?

Das große Berlin, das Berlin der Arbeit, das rote Berlin hatte an der Parade (Fackelzug am 30. Januar 1933; Ch. H.) keinen Anteil, aber es verfolgt die leiseste Regung reaktionären Geistes der augenblicklichen Gewalthaber mit gespanntester Aufmerksamkeit. Das Volk sieht nichts von der sogenannten Volksgemeinschaft, aber es sieht die reaktionäre nationale Konzentration, in der es [...] Hugenberg endlich gelungen ist, den Führer der desparaten Nationalsozialisten vor seine quietschende Parteikarre zu spannen [...] Die Männer, die heute so regieren wollen, suchten noch gestern die Notwendigkeit eines staatsstreichlerischen „Staatsnotstandes" nachzuweisen. [...] Was den 30. Januar zu einem historischen Tag erster Ordnung stempelt, ist nicht die Ernennung Hitlers zum Reichskanzler [...], sondern der unter den Provokationen der Reaktion sich vollziehende Zusammenschluss der Arbeiterklasse.

Vorwärts, 1.2.1933

DER JUNGE AUS DEM WARSCHAUER GHETTO, 1943

Fotograf **Titel/Bildlegende**	Franz Konrad (1906–1951), SS-Hauptsturmführer „Mit Gewalt aus Bunkern hervorgeholt"
Ort **Zeitpunkt** **Veröffentlichung**	Warschau (Ghetto) Mai 1943 Andrzej Wirth: Es gibt keinen jüdischen Wohnbezirk in Warschau mehr! Neuwied 1960 [EA 1943].
Bildbeschreibung	Das Foto ist durch drei visuelle Elemente strukturiert: die Gruppe der Frauen, Männer und Kinder, die aus einem Hauseingang ins Freie kommt, den kleinen Jungen im Bildvordergrund und die Gruppe der fünf Soldaten im Hintergrund. Der kleine Junge ist der visuelle Mittelpunkt. Er steht allein an der Spitze der gefangenen Zivilisten und somit dem Fotografen am nächsten. Er ist zwar Teil der Gruppe, jedoch räumlich von ihr isoliert. Als Vereinzelter sowie als Kind scheint er in besonderer Weise der Gewalt der Täter ausgeliefert zu sein. Zudem erweckt die Aufnahme den Eindruck, dass der Gewehrlauf des Soldaten aus dem Bildhintergrund direkt auf ihn gerichtet ist.
Historischer Kontext	Das Foto stammt aus dem Bericht „Es gibt keinen jüdischen Wohnbezirk mehr" des SS-Brigadeführers Jürgen Stroop (1895–1952). Dieser leitete die Niederschlagung des Aufstands im Warschauer Ghetto (19. April bis 16. Mai 1943) mit 2.000 Angehörigen der SS und der Wehrmacht wie der Polizei. Bei dem Soldaten mit dem Gewehr im Bildhintergrund handelt sich um den Angehörigen der SS Josef Blösche, der 1969 in der DDR ebenso zum Tode verurteilt wurde wie Fotograf Franz Konrad 1952 in Polen. Im Rahmen seines Prozesses wurde Blösche die Fotografie des kleinen Jungen vorgelegt. Er hatte keine konkrete Erinnerung an die Situation (Blösche: „So etwas hat man bei der Liquidierung (des Ghettos) jeden Tag gesehen.").
Deutung	Die Fotografie weist zentrale Merkmale eines Medienbildes auf wie z. B. Personalisierung, Dramatisierung u. a. (vgl. Kapitel 2). Zwei zentrale Merkmale jedoch sind besonders bedeutsam. Nämlich einerseits das klare Freund-Feind-Schema und andererseits die Gebärdefigur des kleinen Jungen mit den erhobenen Händen (Körperhaltung des Sichergebens). Gerade diese beiden zentralen Elemente sind Ausgangspunkt für die kaum zu erfassende Anzahl der Reproduktionen und (publizistischen, künstlerischen) Adaptionen des Motivs. Die Bildbearbeitungen heben entweder den kleinen Jungen optisch hervor oder diesen und Blösche. Die visualisierte Asymmetrie der Macht (Kind – Erwachsener, Zivilist – Soldat, erhobene Hände – Gewehr) bietet ein Bildmuster für vollkommen unterschiedliche historische wie aktuelle Erfahrungen von Gewalt, Unterdrückung und Leid. Durch seine formale Gestaltung wird dieses Motiv auch in der Presse immer wieder in verschiedenen Interpretationen genutzt. Im Nahostkonflikt wird das Ghetto-Motiv und damit die historische wie moralische Dimension des Holocaust z. B. für die aktuelle Auseinandersetzung zwischen Israel und Palästinensern vielfach genutzt. In den Adaptionen sind dabei Israelis als Nazis visuell ins Bild gesetzt, der kleine Junge wird als Palästinenser gezeigt. Aktuelle Pressebilder zeigen, wie das Prinzip des Gegensatzes Soldat – Kind für die Beeinflussung der Rezipienten heute genutzt werden kann. Grundlegende Einsicht: Medienbilder haben häufig ikonische Eigenschaften (z. B. Bildmuster), die die Rezeption begünstigen.
Anregungen für den Unterricht	• M1: *Satzanfänge beenden, Ich sehe was, was du nicht siehst, Gegenbild ...* • M1: Analyse als Medienbild (vgl. Kapitel 2) • M2–M4: Gegenwartsbezug: Unterschiede/Gemeinsamkeiten der Adaptionen mit dem „Vor-Bild" • Diskussion: Legitimität der Übertragung historischer NS-Motive in aktuelle Bilder

M1 Der Junge aus dem Warschauer Ghetto

Fotograf: Franz Konrad, 1943

M2 Karikatur „Gaza Ghetto", 2008

Karikaturist: Carlos Latuff, Gaza Ghetto, 2008

M3 Israelische Soldaten und Kind in Hebron

Fotograf: Bernat Armangue, 2014 (picture alliance/AP Photo)

M4 Soldat und Kind in Afghanistan

Fotograf: unbekannt (picture alliance/Photoshot)

SELEKTION IN AUSCHWITZ-BIRKENAU, 1944

Fotograf	Bernhard Walter/Ernst Hofmann (mutmaßlich), Angehörige der Lager-SS
Titel/Bildlegende	„Aussortierung"
Ort	Auschwitz-Birkenau, Rampe
Zeitpunkt	27. Mai 1944
Veröffentlichung	Auschwitz-Album, 1945/46
Bildbeschreibung	Die Bildfläche ist gekennzeichnet durch mehrere Diagonalen. Den zentralen Bereich bildet die Rampe, welche links von dem Deportationszug, rechts von weiteren Bahngleisen und im Hintergrund rechtwinkelig vom Lagertor Auschwitz-Birkenau begrenzt ist. Auf der Rampe sind wiederum zwei nach Geschlechtern getrennte Kolonnen zu sehen. Vor ihnen SS-Wachmannschaften, die die Selektion vorgenommen haben.
Historischer Kontext	Die Aufnahme ist Teil des Auschwitz-Albums (Originaltitel: „Umsiedlung der Juden aus Ungarn"). Dieses war 1945 von Lili Jacob (1926–1999) unmittelbar nach ihrer Befreiung gefunden worden. Sie entdeckte auf den Fotos ermordete Familienmitglieder. Die 193 Fotografien waren mutmaßlich von dem SS-Unterscharführer Ernst Hofmann oder vom SS-Oberscharführer Bernhard Walter angefertigt worden. Sie dokumentieren die Ankunft des Deportationszuges aus Ungarn am Morgen des 27. Mai 1944 in Auschwitz-Birkenau und den Vorgang der Selektion der 3.500 Deportierten in arbeitsfähige Zwangsarbeiter und zu Ermordende.
Deutung	Die Vogelperspektive vom Dach des Deportationszuges gibt einen räumlichen und situativen Überblick. Der räumliche Abstand des Fotografierten markiert zugleich auch die Distanz desjenigen, der kühl den Ablauf der Ankunft und die Selektion der Deportierten dokumentiert. Das Bild ist prägnanter Ausdruck einer visuellen Leistungsschau des Mordens. Der totalitäre Blick der Kamera visualisiert die Unterwerfung des Individuums unter die Struktur der Macht und den Prozess der Vernichtung. Nicht Individuen werden gezeigt, sondern eine Formation. Der Reproduktion des Täterblicks ist nur zu entkommen durch eine „integrierte Geschichte des Holocaust" (Saul Friedländer), die die Perspektive der Opfer durch deren individuelle Zeugnisse berücksichtigt. Deren Erfahrungsberichte aus dem Rückblick und deren Zeichnungen offenbaren die Parteilichkeit der konkreten fotografischen Darstellung sowie die Schwäche von Fotografien als solche. Denn diese blenden alles jenseits des Visuellen (Gestank, Lärm, das individuelle Trauma nach der Trennung von Familienangehörigen, Gewalt, Hetze und Hektik, das Gefühl des Ausgeliefertseins, Ohnmacht, Erschöpfung) aus. Darüber können nur Quellen aus der Perspektive der Opfer Auskunft geben. Diese zeigen eindrücklich den Unterschied zu der Fotografie der Täter. Der Vergleich der Graphic Novel mit den Quellen der Überlebenden zeigt, dass deren Präsentation der Selektion die Perspektive der Opfer einnimmt. Grundlegende Einsicht: Quellen wie Darstellungen werden immer von einem (politischen, ideologischen ...) Standort aus entwickelt.
Anregungen für den Unterricht	• M1: *Fünf-Sinne-Check, Fotograf* • M1, M3: Bild-, Textvergleich – Unterschiede in der Darstellung der Selektion • M1, M2: Bildvergleich – Unterschiede in der Darstellung der Selektion • M3, M4: Diskussion: Die Graphic Novel – ein ernst zu nehmendes „Geschichtsbuch"?

M1 Selektion an der Rampe in Auschwitz-Birkenau – die Perspektive der Täter

Fotograf: Bernhard Walter/Ernst Hofmann (mutmaßlich), 1944

M2 Selektion an der Rampe in Auschwitz-Birkenau – die Perspektive eines Überlebenden

Zeichner: unbekannt, Trennung der Familien bei der Selektion an der Rampe, Auschwitz-Birkenau 1944

M3 Ankunft in Auschwitz-Birkenau

Bericht der Überlebenden Helena Cytron (1922–2006):

In dem Moment, als wir in Auschwitz ankamen, begann das schreckliche Geschrei: „Alles Raus!" (Original auf Deutsch) „Beeilung!" Alles geschah sehr schnell, begleitet von Geschrei, und kaum hatten wir uns zusammen gesammelt, und konnten endlich wieder auf unseren Füßen stehen (denn unsere Füße waren schon gelähmt vom vielen Sitzen), begannen die Schläge. Bereits als wir an der Tür des Wagens waren, wurde jeder, der nicht schnell genug heraussprang, gepeitscht, und es gab SS-Personal und Hunde. Sobald wir aus dem Zug heraus waren, forderten sie uns auf [den Rest] unserer Schmuckstücke an den Straßenrand zu werfen – alles was die Menschen noch hatten: Kleine Ohrringe, Armbanduhr – denn sie hatten unseren wertvolleren Schmuck schon lange Zeit zuvor genommen.

http://www.yadvashem.org/yv/de/education/lesson_plans/auschwitz_album.asp

M4 Selektion an der Rampe in Auschwitz-Birkenau – eine Darstellung eines Comics, 2005

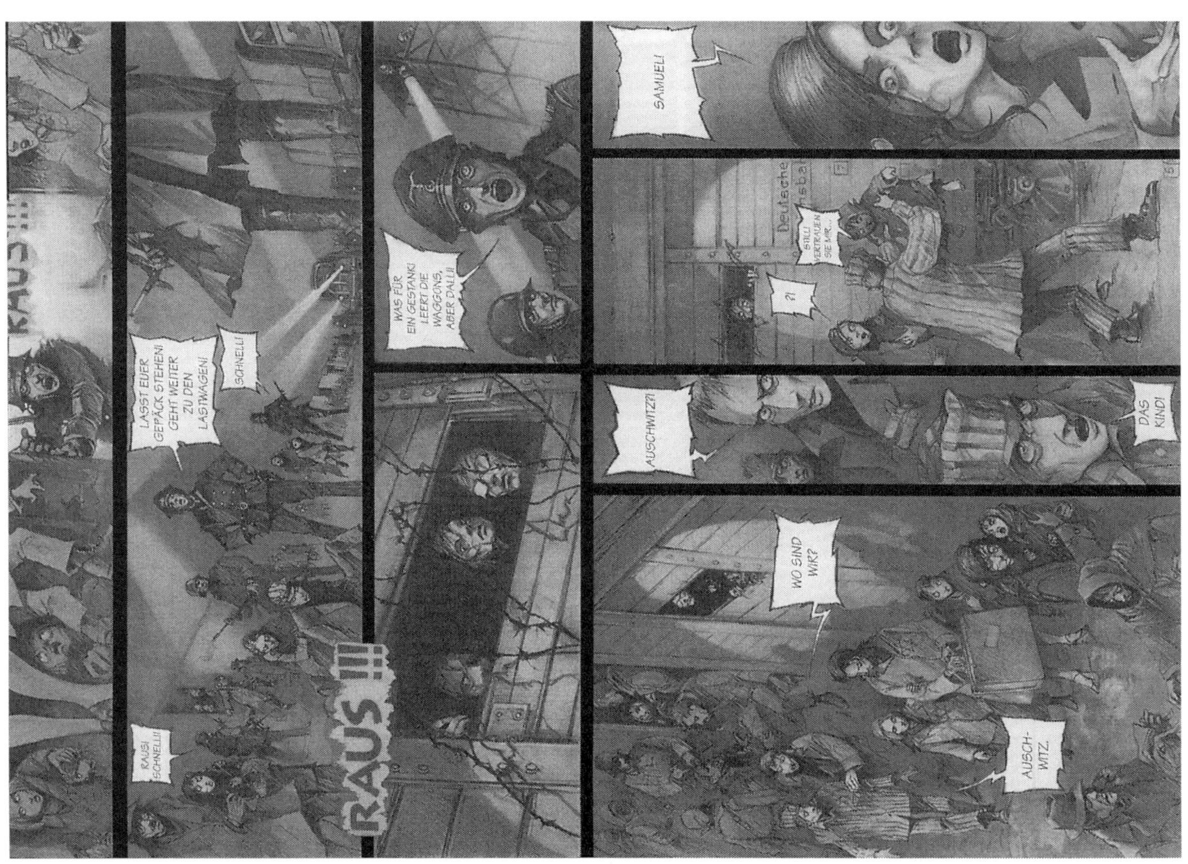

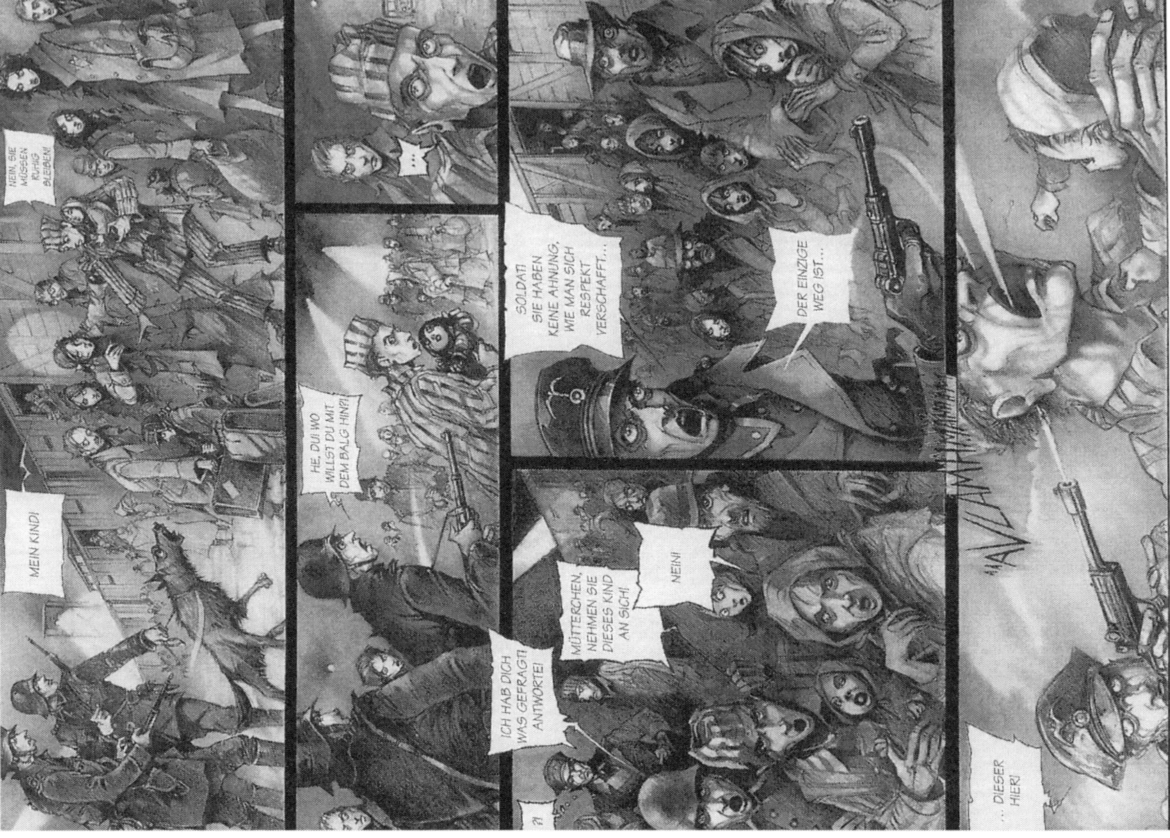

Grafiker/Autor: Pascal Croci: Auschwitz. A Graphic Novel, Köln 2005, S. 8, 9

SPRUNG IN DIE FREIHEIT, 1961

Fotograf	Peter Leibing (1941–2008), Pressefotograf
Titel/Bildlegende	„Sprung in die Freiheit"
Ort	Berlin-Wedding (Bernauer Straße)
Zeitpunkt	15. August 1961, gegen 16 Uhr
Veröffentlichung	Bild-Zeitung, 16. August 1961
Bildbeschreibung	Das Foto des springenden DDR-Grenzsoldaten fixiert den „entscheidenden Augenblick" (Cartier-Bresson). Es zeigt exakt jenen Moment zwischen dem Nicht-Mehr und dem Noch-Nicht. Schumanns gestreckter rechter Fuß scheint den Stacheldraht an der Sektorengrenze niederzudrücken, der Fuß links befindet sich noch jenseits der Grenze. Es wird gleich den rettenden Boden des Westsektors erreichen. Im Sprung wirft der Grenzsoldat das Gewehr von sich. Im Hintergrund sind schemenhaft Zivilisten zu erkennen. Am rechten Bildrand eine Häuserwand, davor ein Schild mit den Schriftzeichen „DU SECTEUR FRAN" – der Hinweis, dass an dieser Stelle der französische Sektor Berlins endet. In der linken Bildhälfte ist ein Kameramann in Rückenansicht zu erkennen.
Historischer Kontext	Abriegelung der Sektorengrenze in Berlin in der Nacht vom 12. auf den 13. August 1961 auf Befehl von Walter Ulbricht. Sicherung und Ausbau der Grenzanlagen durch die SED.
Deutung	Der Erfolg der Fotografie von Conrad Schumanns Flucht ist nicht dem Ereignis an sich geschuldet. Zwischen Mauerbau und Mauerfall gelang über 5.000 DDR-Bürgerinnen und -Bürgern in und um Berlin die Flucht durch die Sperranlagen in den Westteil der Stadt. Deren Namen sind heute weitgehend nicht präsent. Einen Status als Symbol erlangten Ereignis und Bild des Ereignisses vor allem durch die Merkmale der Fotografie als Medienbild (vgl. Kapitel 2). Ein Grenzsoldat setzt sich über die Grenzziehung und damit über seinen Befehl hinweg (exemplarische Reduktion) – er springt über den Stacheldraht auf den Bildbetrachter zu (Bildraum und Raum des Betrachters). Die Rückenansicht des Kameramanns macht diesen zum visuellen Echo des Bildbetrachters – beide haben dieselbe Perspektive. Dem Betrachter wird visuell nahegelegt, dass er an einem dramatischen Medienereignis teilnimmt. Das Foto suggeriert das Vorher und Nachher des „fruchtbaren Augenblicks" (Lessing). Der Sprung wirkt entschlossen und mit den ausgestreckten Armen nahezu elegant (Gebärdefigur). Durch die Aufnahme der Fotografie in das Weltregister „Memory of the World" 2011 hat die UNESCO dieser einen offiziellen Status verliehen. Die Beispiele der geschichtskulturellen Rezeption der Fotografie sind zahlreich. Die Modi und Motive des Erinnerns unterscheiden sich: manches dient der Information und Bildung (Kartenspiel, Comic), anderes setzt auf Identifikation (T-Shirt), auf spielerische Unterhaltung (Spielzeug), Kommerz (Tasse, Schokoladenverpackung) oder dient der dokumentarischen Erinnerung (Häuserwand). Alle diese geschichtskulturellen Artefakte bieten Anhaltspunkte, um die alltäglichen Formen und Funktionen des historischen Erinnerns im Unterricht zu thematisieren. Grundlegende Einsicht: Medienbilder haben häufig ikonische Eigenschaften, die eine breitenwirksame Rezeption begünstigen. Sie werden vielfach reproduziert, um als Symbol die Erinnerung wachzuhalten, zu verfremden oder zu parodieren.
Anregungen für den Unterricht	• M1: *Cluster, Comicbild, Écriture automatique, Innerer Monolog* • M1: Analyse der Fotografie als Medienbild (vgl. Kapitel 2) • M2: Pro-und-Kontra-Diskussion: Souvenirs des Kalten Krieges: Kitsch und Kommerz oder ernst zu nehmende Erinnerungsstücke?

M1 Sprung in die Freiheit, 1961

Fotograf: Peter Leibing, 1961 (Behörde für Kultur und Medien, Staatsarchiv Hamburg, 720–1/388.000_32512, © Peter Leibing, Hamburg)

M2 Das Bildmotiv in der Geschichtskultur

Abbildungen von links oben nach rechts unten: Pappschablone mit ausgespartem Gesicht für ein „Selbstporträt", 2008; Kartenspiel Politisch-Historisches Quartett; Mike Stimpson: Classics in Lego, 2009; East Side Gallery Berlin, 2006; Joseph Béhé u. a.: „Geh doch rüber!", Stuttgart 1999; Straßenschild Berlin (Zimmer-, Ecke Wilhelmstraße), 2008; Titelseite: Der Spiegel, 8.5.1995; Tasse; T-Shirt; Wandgemälde der Gedenkstätte Berliner Mauer in der Bernauer Straße, Berlin 2011; Verpackung Schokoladentafel

SITUATION ROOM – TÖTUNG OSAMA BIN LADENS, 2011

Fotograf	Pete Souza (*1954), Fotograf des Weißen Hauses (bis 2017)
Titel/Bildlegende	The Situation Room
Ort	Washington
Zeitpunkt	1. Mai 2011, 16.05 Uhr (USA, Ostküstenzeit)
Veröffentlichung	2. Mai 2011
Bildbeschreibung	Das Bild zeigt insgesamt sechzehn Personen, die in einer diagonalen Anordnung informell in einem kleinen Raum verteilt sind. Alle Anwesenden blicken in eine Richtung, und zwar – vom Betrachter aus gesehen – in einen Bereich links außerhalb des Bildes. (Hier befanden sich im realen Raum zwei Bildmonitore sowie Uhren, die verschiedene Weltzeiten präsentieren.) Die Kleidung der Personen ist überwiegend leger, ihre Haltung erscheint dagegen angespannt. Vier Männer halten die Arme verschränkt, die Frau vorne rechts hält sich die Hand vor den Mund. Unmittelbar vor ihr liegen auf der Tastatur eines Laptops Unterlagen, darunter ein Satellitenbild, die unkenntlich gemacht worden sind.
Historischer Kontext	In der Nacht vom 1. auf den 2. Mai 2011 stürmten US-Soldaten einen Gebäudekomplex im pakistanischen Abbottabad und töteten dort neben vier weiteren Personen auch Osama Bin Laden, der als Hauptverantwortlicher für die Anschläge vom 9. September 2001 in den USA galt. Die militärische Aktion wurde per Videosignal über 11.000 Kilometer Entfernung ins Weiße Haus übertragen. Im Situation Room des Weißen Hauses waren neben dem Präsidenten Barack Obama und der Außenministerin Hillary Clinton auch zentrale Vertreter des US-National-Security-Teams anwesend (z. B. vorne links: Vizepräsident Biden; vorne rechts: Verteidigungsminister Gates). Es ist nicht gesichert, ob die Beobachter im Weißen Haus tatsächlich die Tötung Bin Ladens gesehen haben und die Aufnahme diesen Moment zeigt. Die Übertragung war 20 bis 25 Minuten unterbrochen. Hillary Clintons Geste (Hand vor dem Mund) könnte sich auch auf den Moment beziehen, in dem einer der vier US-Hubschrauber von US-Soldaten gesprengt wurde. Obama gab am Abend des 1. Mai die Tötung Bin Ladens bekannt. Nach seiner Entscheidung durften Fotos des getöteten Bin Laden nicht veröffentlicht werden. Die Regierung Pakistans war von der Aktion nicht vorab informiert worden.
Deutung	Der Betrachter sieht ein Foto, welches Personen abbildet, die etwas betrachten. Dies ist beider Gemeinsamkeit. Der Unterschied ist: Er sieht nur dies, nicht aber, was die Fotografierten sehen. Dies stimuliert die Fantasie des Betrachters. Denn: „Von Fotos erwartet man, dass sie zeigen, nicht andeuten." (Susan Sontag) Was kann an einem Foto so interessant sein, das das Betrachten zeigt, nicht aber das Betrachtete selbst? Warum wird solch ein Bild veröffentlicht? Warum wird nicht das Bild von dem veröffentlicht, das die Fotografierten sehen? Grundlegende Einsicht: Fotografien erhalten ihre Bedeutung nicht allein aus dem, was sie zeigen, sondern auch aus dem, was sie nicht zeigen.
Anregungen für den Unterricht	• M1: *Experten-Palaver, Denkblasen, Fotograf* • M2: Diskussion: Das Situation-Room-Foto: Ein ... – Propagandabild des Weißen Hauses? – Kriegsbild ohne Krieg? – Bild transparenter und demokratischer Politik? – Bild, das die Fotografierten zu Mitwissern einer illegalen Aktion macht? • M3, M4: Diskussion: Gezielte Tötungen von Terroristen ohne Gerichtsverfahren: Legal? Legitim?

M1 Situation Room, 2011

Fotograf: Pete Souza, 2011 (U.S. Government Works)

M2 Thesen von Wissenschaftlern über die mit der Veröffentlichung des Fotos verbundenen Absichten

Horst Bredekamp:

Die Fotografie bekundet das Ungeheure des Vorgangs (die Tötung Bin Ladens ohne Rechtsverfahren; Ch. H.), um die rechtliche Problematik auf vielfältige Weise zu überspielen.

Ulrich Oevermann:

[Das Foto hat] den Charakter einer triumphalen Vergeltung, mehr im Modus der Rache als der Wiederherstellung eines universal geltenden Rechts.

Ruth Ayass:

[Die Fotografie] zeigt etwas nicht. Sie zeigt nicht die Tötung und nicht den Toten; sie zeigt keinen Pathos, keinen Triumph.

Michael Kauppert/Irene Leser (Hg.): Hillarys Hand. Zur politischen Ikonographie der Gegenwart, Bielefeld 2014, S. 161, 52, 73

M3 UN-Charta, Artikel 2, Satz 4, 1945

Alle Mitglieder unterlassen in ihren internationalen Beziehungen jede gegen die territoriale Unversehrtheit oder die politische Unabhängigkeit eines Staates gerichtete oder sonst mit den Zielen der Vereinten Nationen unvereinbare Androhung oder Anwendung von Gewalt.

M4 Genfer Abkommen über die Behandlung von Kriegsgefangenen, Artikel 13, 1949

Die Kriegsgefangenen müssen ferner jederzeit geschützt werden, namentlich auch vor Gewalttätigkeit oder Einschüchterung, Beleidigungen und der öffentlichen Neugier.

FESTUNG EUROPA, 2015

Fotograf	Nilüfer Demir, Pressefotografin (türkische Nachrichtenagentur DHA)
Titel/Bildlegende	–
Ort	nahe Bodrum (Türkei)
Zeitpunkt	2. September 2015, 6 Uhr
Veröffentlichung	2. September 2015
Bildbeschreibung	Die anbrandenden Wellen teilen den Bildraum in einer Diagonalen von links auf der mittleren Höhe des Bildes nach rechts unten in zwei Flächen: das Meer und der Strand. Ein Kind liegt reglos auf dem Bauch am Strand – das dem Betrachter abgewandte Gesicht wird noch von den Wellen berührt, die Beine sind dagegen schon auf dem durchnässten Strand. Die Haare hängen nass herunter, durchnässt sind auch das kurze rote T-Shirt wie die blaue Hose und die Schuhe. Hose und T-Shirt sind hochgerutscht, sie geben die Waden und den Bauch des Jungen frei.
Historischer Kontext	Die Aufnahme des toten Alan (der Name des Kindes wird in den Medien unterschiedlich geschrieben, die Familie Kurdi nennt die Schreibweise Alan) wird 2015 in einem Moment veröffentlicht, als in Budapest eine steigende Zahl von über die Balkanroute geflüchteten Syrern in Ungarn strandet und auf dem Bahnhof von Budapest auf eine Weiterreise nach Deutschland hofft. In der Nacht vom 4. auf den 5. September 2015 verkünden angesichts der Notlage die Bundeskanzlerin Merkel sowie der österreichische Kanzler Faymann, dass – entgegen der Dublin-Verordnungen – die Flüchtlinge nach Österreich und Deutschland reisen dürfen. Versuche der Kanzlerin, den CSU-Chef Seehofer politisch einzubinden, scheiterten, weil dieser Kontaktversuchen der Kanzlerin und damit der Verantwortung aus dem Weg ging. Die Familie Kurdi stammt aus Damaskus und floh über Aleppo und Kobane. Als der legale Ausreiseversuch nach Kanada zu einer Tante gescheitert war, versuchte die Familie mithilfe von Schleppern die griechische Insel Kos von der türkischen Küste aus zu erreichen. Schwimmwesten waren von den Schleppern nicht zur Verfügung gestellt worden. Nach dem Kentern des Bootes kamen neben Alan auch sein Bruder Galip und die Mutter Rihan um, der Vater überlebte. Die beiden Schlepper wurden im März 2016 von einem türkischen Gericht zu vier Jahren und zwei Monaten Gefängnis verurteilt.
Deutung	Die Fotografie weist alle medialen Eigenschaften auf, die sie zu einem Symbolbild der Flüchtlingskrise werden ließ: Dramatisierung, Reduktion, Personalisierung ... (vgl. Kapitel 2). Der Deutsche Presserat stufte die Fotografie 2015 als „Dokument der Zeitgeschichte" ein und lehnte ein Veröffentlichungsverbot ab. Wie eine Untersuchung zeigt, wurde das Bild des toten Alan im Internet breit rezipiert und diskutiert. Welchen unmittelbaren Einfluss es auf politische Entscheidungsfindung hat, kann nicht festgestellt werden. Angela Merkel kannte die Aufnahme ebenso wie Justin Trudeau, der im Wahlkampf versprochen hatte, im Falle eines Sieges die bisherige restriktive Einwanderungspolitik Kanadas zu lockern und ankündigte, 25.000 Bürgerkriegsflüchtlinge aus Syrien in Kanada aufzunehmen. Grundlegende Einsicht: Medial erfolgreiche (Kriegs-)Fotos nutzen gerne Motive mit Kindern. Sie haben vor allem dann die Chance, erfolgreich zu sein, wenn im Bild Kontraste visualisiert werden (hier: lebloses Kind – Strand, Meer). Fotojournalismus muss auch die Würde des Menschen achten.
Anregungen für den Unterricht	• M1: *Placemat:* Ein Verbot der Veröffentlichung des Fotos von Alan Kurdi? (Argumente pro oder kontra); *Kon-Text* (Leserbrief an die Zeitung) • M2, M3, M4, M5: Diskussion: Gibt es Grenzen des Zeigbaren? • M1, M3: Diskussion: Haben Bilder Macht?

M1 Der tote Alan Kurdi am Strand von Bodrum

Fotografin: Nilüfer Demir, 2015 (DHA)

M2 Zeigen oder nicht zeigen?

Es sind vier Werte oder Argumente, die (zum Teil) hier in Konkurrenz miteinander stehen:

1. *Die Würde des Jungen:* Der Tod des Menschen betrifft seine Würde. Einen Toten zu sehen, erschüttert uns. Wie wir mit dem Toten umgehen, zeugt davon, wie wir die Menschenwürde schützen. Einen verstorbenen Menschen abzubilden – dafür braucht man gute Gründe. [...] Aber es gibt dann auch Möglichkeiten, seine Würde zu schützen und damit eine Kultur der Menschenwürde zu bewahren und zu fördern: Das Gesicht darf nicht zu sehen sein, die Bildsprache muss in diesem Falle würdevoll sein. [...]
2. *Zumutbarkeit, Schutz der LeserInnen und Zuschauer:* Menschen sind mit solchen Szenen überfordert. Viele wollen so etwas nicht sehen und sie würden unter keinen Umständen Anstrengungen unternehmen, das Bild zu recherchieren. Kinder und Jugendliche, auch Erwachsene sind mit dem Bild unter Umständen überfordert. Würde man es seinen Kindern zeigen? [...] Ein Gefühl der Zumutbarkeit ist notwendig in Redaktionen und bei Journalisten.
3. *Journalistische Pflicht zur Berichterstattung und Information über die Realität der Flüchtlingskrise:* Journalisten haben die Verantwortung, über die Dinge der Welt wahrheitsgemäß zu berichten und die Öffentlichkeit zu informieren. Sie sind der Öffentlichkeit verpflichtet und damit dem Gemeinwohl. Die Flüchtlingskrise ist komplex, die Realität des Leidens der Menschen ist vielfältig. Ein einziges Bild, mit dem diese Realität deutlich gemacht werden kann, ist ein Glücksfall.
4. *Menschen aufrütteln wollen:* Manche Journalisten argumentieren, dass sie Menschen mit dem Bild bewegen wollen zu handeln oder Druck auf die Politiker auszuüben. Sie wollen Menschen schockieren, konfrontieren mit dem Leid, damit diese handeln oder ihre Einstellung verändern. Meines Erachtens funktioniert das mit Bildern nicht. Schockierende Fotos lähmen eher. [...] natürlich ist es wünschenswert, dass mehr Menschen sich für Flüchtlinge und eine gerechte Politik und für mehr Frieden engagieren. Mit Schock- und Schreckensfotos gelingt das nicht.

Alexander Filipovic: Das Bild des toten Ailan – ein medienethischer Kommentar (http://www.netzwerk-medienethik.de/2015/09/03/das-bild-des-toten-ailan-ein-medienethischer-kommentar/)

M3 Haben Bilder Macht?

Wissenschaftler aus den USA und aus Schweden haben untersucht, wie häufig die Suchbegriffe „Syrien", „Flüchtlinge" und „Aylan" in dem Zeitraum August bis September 2015 in Google verwendet wurden. Die Wissenschaftler haben auch untersucht, ob die Spendenbereitschaft an das Rote Kreuz in Schweden durch die Bildberichterstattung über den Tod von Alan Kurdi beeinflusst wurde. In der Woche nach dem Tod Kurdis lagen die täglichen Spenden im Schnitt um mehr als das Hundertfache über dem Wert als vor dessen Tod. Die Wirkung von Alans Tod auf die Spendenbereitschaft ließ aber nach. Nach sechs Wochen wurde wieder so viel Geld wie zuvor gespendet. Eine der wichtigsten Lehren aus der Geschichte von Alan ist: Wir können nicht davon ausgehen, dass die Statistiken über massive humanitäre Krisen unsere Aufmerksamkeit erregen oder uns bewegen, etwas zu unternehmen, egal wie groß die Zahl der Opfer ist. Unsere Untersuchungsergebnisse zeigen, dass die Welt im Grunde genommen teilnahmslos war, als die Zahl der Toten in Syrien bis in Hunderte von Tausend stieg. Das sollte uns vielleicht nicht verwundern. Eine berühmte Aussage, die manchmal Josef Stalin zugeschrieben wird, stellte fest: „Der Tod eines Menschen ist eine Tragödie, der Tod von Millionen ist Statistik." Ähnlich schreibt der Wirtschaftswissenschaftler Thomas Schelling: Der Tod einer einzelnen Person verursacht Angst und Gefühle, Schuldgefühle und Furcht, ein religiöses Empfinden sowie das von Verantwortung [...] [aber] die meisten dieser starken Empfindungen verschwinden, wenn es um Statistiken geht. Untersuchungen aus der Psychologie bestätigen diese Beobachtungen. Ein Mensch in Not, ausgestattet mit einem Namen und einem Gesicht, ruft eine stärkere Reaktion hervor als viele Personen.

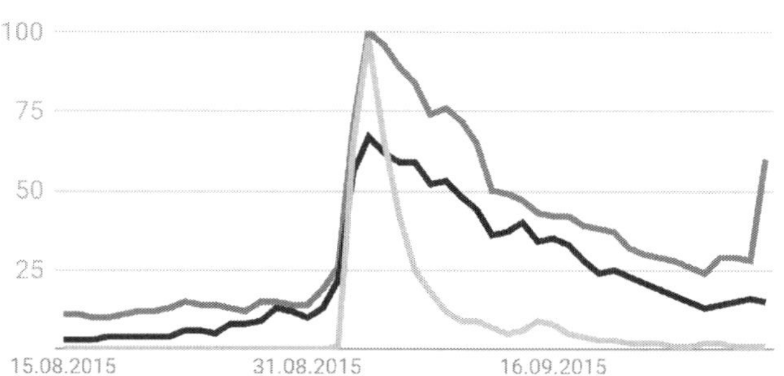

Google Suchanfrage nach „Syrien", „Flüchtlinge" and „Aylan" im August/September 2015. Der Maximalwert ist mit 100 dargestellt. Alle anderen Werte sind proportional skaliert.

Paul Slovic u. a.: Iconic photographs and the ebb and flow of emphatic response to humanitarian disasters, in: PNAS, 24.1.2017, Band 114, Nr. 4, S. 640–644, hier S. 641 ff. (Übersetzung: Hamann)

M4 Entscheidung des Deutschen Presserates nach 19 Beschwerden über die Veröffentlichung des Fotos von Alan Kurdi

3. Dezember 2015: Das Bild eines ertrunkenen vierjährigen Jungen am Strand von Bodrum geht durch die Medien und wird aufgrund einer Vielzahl von Beschwerden auch zum Thema des Presserats. Das Foto durfte gezeigt werden, es ist von großem öffentlichen Interesse. Es symbolisiert die Folgen von Kriegen, die Gefahren des Schlepperwesens und der Überfahrt nach Europa. Aus Sicht des Presserats handelt es sich um ein Dokument der Zeitgeschichte, das weder unangemessen sensationell ist noch die Menschenwürde des Jungen verletzt.

http://www.presserat.de/presserat/chronik/#panel-2015

M5 „Fotos, die wir Ihnen nicht zeigen wollen"

Foto: Nilüfer Demir, 2015 (DHA, Bearbeitung Kölner Stadtanzeiger, https://www.ksta.de/politik/-fotos-sote-die-wir-ihnen-nicht-zeigen-wollen-22646524)

5. DIE FOTOGRAFIE ALS BILDAKT UND WAFFE

„TRIUMPH DES WILLENS“ – NS-REICHSPARTEITAG, 1934/1935

Fotograf	Georg Pahl (1900–1963), Pressefotograf, Leni Riefenstahl (1902–2003), Regisseurin
Titel/Bildlegende	–
Ort	Nürnberg, Luitpoldhain
Zeitpunkt	5. bis 10. September 1934
Veröffentlichung	28. März 1935
Bildbeschreibung	Bilddominant ist die zentrale Achse in die Tiefe des Bildraums, die den Blick auf drei Hakenkreuzfahnen im Bildhintergrund lenkt. Parallel und symmetrisch zur „Straße des Führers“ (240 Meter lang, 18 Meter breit), welche die Ehren- und Rednertribüne hinten mit der Ehrenhalle vorne (nicht im Bild) verbindet, stehen die Formationen von SA und SS. Der Bildraum ist durch repetitive lange Rechtecke geometrisiert, der Einzelne ist ein individuell nicht erkennbares „Ornament der Masse“ (Kracauer). Die Blockformation und die Dominanz des rechten Winkels zeigt sich auch in der Gestaltung der Pflasterung im Bildvordergrund. Nur dort sind drei Personen als Individuen erkennbar. Sie heben die rechte Hand zum Hitlergruß. Vor diesen stehen vor einem Ehrenmal wiederum drei Uniformierte mit einer Fahne.
Historischer Kontext	Standbilder aus Leni Riefenstahls Film „Triumph des Willens“ prägen bis heute die Wahrnehmung der NS-Reichsparteitage und mitunter auch das Bild von einer vermeintlichen „Volksgemeinschaft“ im Dritten Reich. Riefenstahls zweiter Film ihrer Reichstags-Trilogie nutzt Filmmaterial vom Reichstag 1934. Er gilt in seiner Gestaltung als „Inbegriff faschistischer Ästhetik“ (Oberwinter 2007, 9). Zum Parteitag 1934 sollen 400.000 Teilnehmer gekommen sein. Dazu kamen 300.000 bis 350.000 Zuschauer (Diehl 2009, 474). Der Film diente als Mittel, um eine An-„Teilnahme“ am Parteitag zumindest massenmedial im gesamten Deutschen Reich zu erreichen.
Deutung	Der Film und die Bilder sind Ausdruck einer doppelten ästhetischen Inszenierung. Zum einen der Reichstag selbst, der in seiner Gestaltung (Körper, Raum, Bewegung) einem sorgfältig durchkomponierten Arrangement unterlag. Und zum anderen die Visualisierung des Geschehens durch den Film und die Fotografie (Schnitt, Kameraperspektive, Einstellungsgröße, Beleuchtung). Dieses „Gesamtkunstwerk“ suggeriert die Existenz einer klar strukturierten und homogenen Volksgemeinschaft, welche gleichwohl einer Hierarchie unterworfen war. Aus den Blöcken der massenhaften Volksgenossen ragen nur wenige Einzelne hervor. Im Bild sind dies: Hitler, Viktor Lutze, Stabschef der SA, sowie der Reichsführer SS Heinrich Himmler. Die Aufsicht auf das Geschehen und die Einstellungsgröße der Totale erfasst in diesem Bild die Masse, den strukturierten Aufmarsch, die wenigen Einzelnen, zentrale Symbole und das Ritual der „Blutfahnenweihe“. Grundlegende Einsicht: Mit Bildern können Emotionen erzeugt und Weltbilder vermittelt werden.
Anregungen für den Unterricht	• M1: *Cluster, Assoziationen, Fünf-Sinne-Check, Kon-Text* • M3, M4, M5 (ggf. M6): Analyse, Interpretation und Vergleich • M1: Diskussion: Ausdruck der NS-Volksgemeinschaft/NS-Propaganda? • M2: Formulierung von Empfehlungen an Bernd Siems • Diskussion: Soll auf NS-Propaganda-Fotografien in Schulbüchern verzichtet werden?

M1 Standbild aus dem Film „Triumph des Willens", 1935

Filmbild aus „Triumph des Willens" (Bundesarchiv, Bild 102–16196)

M2 Bernd Siems (21) berichtet über seine Eindrücke beim Sehen von Bildern der Reichsparteitage, 2002

Das war doch klasse, wie die das geschafft haben! Wie sie alle dann geschrien haben „Heil Hitler" oder „Sieg heil"! Und diese Begeisterung der Menschen macht irgendwie das Faszinierende, wie stark dann dieses Volk war. Denn die haben ja alle Angst vor uns gehabt!

Harald Welzer/Sabine Moller/Karoline Tschuggnall: „Opa war kein Nazi". Nationalsozialismus und Holocaust im Familiengedächtnis, Frankfurt/M. 2002, S. 13 f. (© S. Fischer Verlag GmbH)

M3 Leni Riefenstahl, 1935

Die Gestaltungsrichtlinie fordert, dass man instinktiv [...] den Film so gestaltet, dass er den Hörer und Zuschauer von Akt zu Akt, von Eindruck zu Eindruck überwältigender emporreißt. Ich suche die innere Dynamik solcher Nachgestaltung [...]. Sie wird sich auf das Volk übertragen, sobald das Filmmaterial von Nürnberg geformt ist, sobald sich Rede und Sentenz, Massenbild und Köpfe, Märsche und Musiken, Bilder von Nürnbergs Nacht und Morgen so sinfonisch steigern, dass sie dem Sinn von Nürnberg gerecht werden.

Leni Riefenstahl: Hinter den Kulissen des Reichstagsfilms, München 1935, in: Kristina Oberwinter: „Bewegende Bilder". Repräsentation und Produktion von Emotionen in Leni Riefenstahls Triumph des Willens, Berlin 2007, S. 155

M4 Ufa-Informationen über den Film „Triumph des Willens", 3. April 1935

Das ist es, der Zuschauer soll nicht nur sehen und hören, er soll die innere Größe und Monumentalität des nationalsozialistischen Gedankens empfinden und erleben.

Kristina Oberwinter: „Bewegende Bilder". Repräsentation und Produktion von Emotionen in Leni Riefenstahls Triumph des Willens, Berlin 2007, S. 9

M5 Leni Riefenstahl, 2003

„Triumph des Willens" ist ein Dokumentarfilm von einem Parteitag, mehr nicht. Das hat nichts zu tun mit Politik. Denn ich habe aufgenommen, was sich wirklich abgespielt hat und habe es insofern überhöht, als dass ich keinen Kommentar dazu gemacht habe. Ich habe versucht, die Atmosphäre, die da war, durch Bilder auszudrücken und nicht durch einen gesprochenen Kommentar. Und um das ohne Text verständlich zu machen, musste die Bildsprache sehr gut, sehr deutlich sein. Die Bilder mussten das sagen können, was man sonst spricht. Aber deswegen ist es doch keine Propaganda.

Spiegel Online, 9.9.2003; http://www.spiegel.de/kultur/kino/zitate-von-leni-riefenstahl-ich-bedaure-zu-100-prozent-hitler-kennengelernt-zu-haben-a-264954.html

M6 Adolf Hitler in Mein Kampf, 1925

Die Massenversammlung ist auch schon deshalb notwendig, weil in ihr der einzelne, der sich zunächst als werdender Anhänger einer jungen Bewegung vereinsamt fühlt und leicht der Angst verfällt, allein zu sein, zum ersten Mal das Bild einer größeren Gemeinschaft erhält, was bei den meisten Menschen kräftigend und ermutigend wirkt. [...]

Wenn er (der Einzelne; Ch. H.) [...] zum ersten Male in die Massenveranstaltung hineintritt und nun Tausende und Tausende von Menschen gleicher Gesinnung um sich hat, wenn er als Suchender in die gewaltige Wirkung des suggestiven Rausches und der Begeisterung von drei- bis viertausend anderen mitgerissen wird, wenn der sichtbare Erfolg und die Zustimmung von Tausenden ihm die Richtigkeit der neuen Lehre bestätigen und zum ersten Mal den Zweifel an der Wahrheit seiner bisherigen Überzeugungen erwecken, – dann unterliegt er selbst dem zauberhaften Einfluss dessen, was wir mit dem Wort Massensuggestion bezeichnen. [...] Der Mann, der zweifelnd und schwankend eine solche Versammlung betritt, verlässt sie innerlich gefestigt: er ist zum Glied einer Gemeinschaft geworden.

Christian Hartmann u. a. (Hg.): Hitler, Mein Kampf. Eine kritische Edition, Bd. II, München/Berlin 2016, S. 1209, 1211

DIE ERMORDUNG HANNS MARTIN SCHLEYERS, 1977

Fotograf	unbekannt (RAF)
Titel/Bildlegende	„Gefangener der RAF" (Standbild)
Ort	Köln
Zeitpunkt	6. September 1977
Veröffentlichung	9. September 1977
Bildbeschreibung	Die Abbildung des entführten Hanns Martin Schleyer (1915–1977) liegt in mindestens fünf Varianten vor, u. a. auch als Standbild-Clip aus mindestens zwei Videoaufzeichnungen. Die Bildelemente und deren Verteilung im Bildraum sind jeweils nahezu identisch. Im Vordergrund ist ein beschriftetes Schild mit der Angabe des Zeitpunkts der Aufnahme zu sehen. Dahinter der Entführte in leicht variierenden Haltungen und unterschiedlicher Kleidung. Im Hintergrund ist in ebenfalls leicht variierenden Positionierungen das Logo der Roten Armee Fraktion platziert. Die erste Fotografie nach der Entführung wurde aufgrund einer Nachrichtensperre, die die Bundesregierung mit dem Deutschen Presserat vereinbart hatte, am 9. September in Frankreich von der Nachrichtenagentur Agence France-Presse (AFP) veröffentlicht.
Historischer Kontext	Der Manager und Arbeitgeberpräsident Hanns Martin Schleyer wurde am 5. September 1977 von einem Kommando der Roten Armee Fraktion in Köln entführt. Bei der Entführung kamen sein Fahrer und drei Leibwächter zu Tode. Die Entführer forderten von der Bundesregierung die Entlassung von elf Mitgliedern der RAF, die Regierung ging auf diese Forderungen nicht ein. Um den Druck zu erhöhen, wurde am 13. Oktober 1977 das Flugzeug Landshut durch vier palästinensische Terroristen entführt und die Passagiere wurden als Geiseln genommen. Nach der Befreiung der Geiseln durch eine Einheit des Bundesgrenzschutzes in Mogadischu ermordete die RAF Schleyer. Dieser wurde am 18. Oktober 1977 tot aufgefunden. Als Reaktion auf die misslungene Erpressung nahmen sich drei RAF-Gefangene (Baader, Ensslin, Raspe) in Stuttgart-Stammheim das Leben.
Deutung	Die Fotografien des entführten Hanns Martin Schleyer dienten der RAF nicht allein als Beweis für den politischen Gegner, dass sie Schleyer in ihrer Gewalt hat. Sie sind zugleich Machtdemonstration der RAF und Zeichen des Triumphes für die eigenen politischen Anhänger. Mit dem Präsidenten der Bundesvereinigung der Deutschen Arbeitgeberverbände (BDA) und des Bundesverbandes der Deutschen Industrie (BDI) sollte auch das kapitalistische Wirtschaftssystem symbolisch getroffen werden. Die Demütigung des Menschen Schleyer gelingt der RAF jedoch nur zum Teil. Die erste Aufnahme in der Reihe von Fotografien zeigt in der Tat einen schwer erniedrigten Mann. Die weiteren Bilder präsentieren Schleyer zwar ebenfalls gezeichnet, doch scheint er seine Haltung wiedergefunden zu haben. Damit unterläuft er das politische Ziel der RAF. Denn diese erhöhte mit der zunehmenden Haftdauer den politischen Druck auf die Bundesregierung und dokumentierte dies durch das jeweilige Aufnahmedatum, welches direkt ins Bild gesetzt war. Grundlegende Einsicht: Bildmotive stehen mitunter in einer ikonografischen Tradition (Prangerbilder), die eine Deutung des Motivs ggf. beeinflusst. Die Grenzen des Zeigbaren werden unterschiedlich definiert.
Anregungen für den Unterricht	• M1: *Adjektivliste, Cluster, Brief, Fotograf* • M2, M3, M4: Diskussion: Veröffentlichungsverbot der Schleyer-Bilder?

M1 Hanns Martin Schleyer als Geisel der RAF

Fotograf: unbekannt (RAF), 1977

M2 Die Wirkung des Bildes – der Fotograf und Hochschullehrer Rolf Sachsse

Erst dieses Bild hat sie [die RAF] zu den bösartigen Kriminellen gestempelt, als die sie in die Geschichte eingegangen sind. [...] Das Bild des entführten Hanns Martin Schleyer [...] prägt das hohe Ansehen des Mannes stärker als alle Funktionen, die er zu Lebzeiten innehatte. Nach Hanns Martin Schleyer sind heute Sporthallen, Straßen und Plätze benannt – damit ist er als Person der politischen Geschichte kein Opfer mehr. Auch das ist eine Wirkung des Bildes.

Rolf Sachsse: Die Entführung. Die RAF als Bildermaschine, in: Gerhard Paul (Hg.): Das Jahrhundert der Bilder. 1949 bis heute, Göttingen 2008, S. 473

M3 Die Wirkung des Bildes – die Historikerin Petra Terhoeven

Die gegen den Willen der Betroffenen aufgenommenen Fotografien, die linksextreme Terrororganisationen in den 1970er Jahren von ihren Geiseln verbreiten, fungierten nicht nur als Instrumente einer pervertierten Öffentlichkeitsarbeit. Als Mittel der bewussten Demütigung und Zermürbung des willkürlich zum Gegner erklärten Opfers sind sie vielmehr Teil des terroristischen Gewaltaktes selbst. [...] Das Foto (Schleyers; Ch. H.) zielt vor allem auf eine triumphale Machtdemonstration der RAF, die den wohl einflussreichsten Vertreter der deutschen Wirtschaft unter dem martialischen Logo der Gruppe als hilflose, verletzliche, auf ihre Körperlichkeit reduzierte Kreatur vorführt.

Petra Terhoeven: Die Fotografien des entführten Hanns Martin Schleyer – Ikonen des Terrorismus, in: Stiftung Haus der Geschichte der Bundesrepublik Deutschland (Hg.): Bilder im Kopf – Ikonen der Zeitgeschichte, Bonn/Köln 2009, S. 143

M4 Ein Verbot der Bilder von Entführten – die Kunsthistorikerin Charlotte Klonk

Bilder von Entführungsopfern dokumentieren zwar den gravierenden Tatbestand der Freiheitsberaubung und verletzen unter Umständen die Würde des Abgebildeten, doch in Situationen, in denen das Leben der Geisel das entscheidende Pfand für die Erpressungsziele der Täter ist, sind die Aufnahmen auch für die Dargestellten mit Hoffnung verbunden. In jedem Fall aber rühren von Regierungen verhängte oder vereinbarte Nachrichtensperren an das Recht auf Presse- und Meinungsfreiheit, sodass die Einschränkungen in westlichen Demokratien immer problematisch und selten unumstritten sind.

Charlotte Klonk: Terror. Wenn Bilder zu Waffen werden, Frankfurt/M. 2017, S. 223f. (© S. Fischer Verlag GmbH)

„TAG DER ENTSCHEIDUNG", 1989

Fotograf	Aram Radomski (*1963) Fotograf, Designer
Titel/Bildlegende	Leipzig, 9. Oktober 1989, Montagsdemonstration
Ort	Leipzig, Turm der Reformierten Kirche mit Sicht auf den Tröndlinring (Ringstraße rund um Leipzigs Innenstadt)
Zeitpunkt	9. Oktober 1989
Veröffentlichung	Tagesthemen (ARD), 10. Oktober 1989
Bildbeschreibung	In einer Aufsicht und Totalen ist eine sehr große Anzahl von Menschen zu sehen, die bei Dunkelheit über eine breite, belichtete Geschäftsstraße von rechts oben nach links unten den Bildraum queren. Im oberen linken Bildbereich ist ein (Waren-)Haus mit der Aufschrift „Konsument" zu sehen. Die Fotografie wiest im linken unteren Bereich eine Unschärfe auf, da die Menschen dort sich in Bewegung gesetzt haben.
Historischer Kontext	Wenige Monate nach der blutigen Niederschlagung des Volksprotestes auf dem Tian'anmen-Platz in Peking am 4. Juni 1989 artikulierte sich auch in der DDR die Kritik an der SED-Diktatur in zunehmend größer werdenden Demonstrationen. Mit der vom 9. Oktober 1989 wurde ein Wendepunkt erreicht. Polizei und Stasi konnten sie nicht mehr verhindern, die SED musste angesichts der nun flächendeckenden Massendemonstrationen das Gespräch mit der Opposition suchen.
Deutung	Als Symbole für die Friedliche Revolution 1989 werden vorrangig Bildmotive vom Brandenburger Tor am 9. bis 11. November genutzt. Diese überzeugen zwar ästhetisch, *verengen aber den Blick auf den Mauerfall* in Berlin, repräsentieren den *Blick des Westens* und blenden die Revolution *in der DDR* vollkommen aus. Vom „Tag der Entscheidung" (9. Oktober 1989) in Leipzig sind zwar Aufnahmen überliefert, diese weisen aber bildästhetisch eine geringe Signifikanz auf und bieten dem Betrachter – auch topografisch – kaum einen Wiedererkennungswert. Die Leipziger (Film-)Bilder von Aram Radomski und Siegbert Schefke können jedoch die schier unüberschaubare Menge der Demonstrierenden verdeutlichen. Vor allem der Film vermittelt mit den Sprechchören die unwiderstehliche Wucht des breiten Volksprotestes. Mit der Kanonisierung der Bilder vom Brandenburger Tor, *dem* traditionellen Symbol der nationalen Einheit, wird die Freiheitsrevolution von 1989 mit der Einheitsrevolution von 1990 verknüpft. Im Herbst 1989 war in der DDR jedoch von Freiheit sehr viel, von der Einheit (noch) nichts zu hören. 1990 agierten Politiker an Verhandlungstischen, 1989 das Volk auf der Straße. Das Subjekt historischen Handelns hat sich binnen eines Jahres gewandelt. Aus den Revolutionären des Freiheits- wurden Objekte des Einigungsprozesses. Das Filmmaterial von Schefke und Radomski wurde schon am 10. Oktober 1989 in der Tagesschau gesendet, welche auch in der DDR gesehen wurde. Deutlich wurde den Zuschauern in Ost und West, dass die SED angesichts der Breite des Protestes nachgeben musste. Die gewaltsame Niederschlagung des Widerstands war nicht mehr möglich – die SED musste sich zwangsläufig dem Dialog stellen. Der Film stärkte vor allem den Mut und die Entschlossenheit der DDR-Bürger zum aufrechten Gang. Die Kraft der Bilder bewegte die Menschen emotional und politisch.
Anregungen für den Unterricht	• M1, M2: Bildvergleich *(Adjektivliste, Assoziationen, Écriture automatique …):* Unterschiede/Gemeinsamkeiten, Vorzüge/Nachteile • M1, M2: Diskussion: welches der Bilder ist als Symbolbild für die Friedliche Revolution geeigneter? • M3, M4: Diskussion: 9. Oktober 1989 – demonstrieren oder zuhause bleiben? • M5, M6: Vergleich: Der Blick des Historikers und des Zeitzeugen – Unterschiede/Gemeinsamkeiten, Vorzüge/Nachteile (Schreibweise, Perspektive, Interpretation, Botschaften …) • Diskussion: Errichtung eines Freiheits- und Einheitsdenkmals in Berlin, in Leipzig oder in beiden Städten?

M1 Leipziger Montagsdemonstration – Blick vom Turm der Reformierten Kirche, 9. Oktober 1989

Fotograf: Aram Radomski, 9.10.1989 (Robert-Havemann-Gesellschaft/Aram Radomski, RHG_Fo_HAB_21005)

M2 Besetzung der Mauer vor dem Brandenburger Tor, 10. November 1989

Fotograf: Klaus Lehnartz, 10.11.1989 (Bundesarchiv, B 145 Bild-00196545)

M3 Montagsdemonstrationen im Herbst 1989 in Leipzig

In der Fachliteratur wird meist angegeben, dass sich am 9. Oktober 1989 in Leipzig 70 000 Menschen an der Montagsdemonstration beteiligt haben. Leipzig hatte Ende 1989 rund 530 000 Einwohner.

Datum	Teilnehmer
4.9.1989	1.200
11.9.1989	?; 55 Festnahmen
18.9.1989	1.500; einige Festnahmen
25.9.1989	8 000
2.10.1989	10.000
9.10.1989	ca. 130 000

Datum	Teilnehmer
16.10.1989	120.000
23.10.1989	300.000
30.10.1989	300.000
6.11.1989	500.000
13.11.1989	Hunderttausende
20.11.1989	Mehr als 100.00

https://de.wikipedia.org/wiki/Montagsdemonstrationen_1989/1990_in_der_DDR

M4 Chronologie des „Tags der Entscheidung" in Leipzig, 9. Oktober 1989

7.30 Uhr: Die Leipziger Bezirkseinsatzleitung (der SED) tagt. Anlass ist ein Telegramm Honeckers. Die Runde stellt fest, dass die Demonstration nicht zu verhindern ist, will man keinen Bürgerkrieg in der Innenstadt riskieren. Die Strategie lautet: Keine Zugriffe in den Fußgängerzonen der Innenstadt: sobald sich jedoch ein Demonstrationszug auf den Ringstraßen formiert, eingreifen und auflösen: Um eine Demonstration zu verhindern, streuen die unteren SED-Funktionäre und Zuträger der Staatssicherheit Informationen, dass heute scharf geschossen würde. An den Zufahrtsstraßen am Stadtrand am Stadtrand postieren sich motorisierte NVA-Truppen. In Schulen, Betrieben, aber auch in Kirchengemeinden werden Empfehlungen gegeben, heute auf keinen Fall in die Leipziger Innenstadt zu gehen. Wer sich dort aufhielte, gebe sich als Staatsfeind zu erkennen und sei in Lebensgefahr. [...]

8 Uhr: Die Schulleiterin einer POS (Polytechnische Oberschule) schickt die Schüler mit der Begründung nach Hause, es würde heute in der Stadt „Schlimmes" geschehen und sie seien zuhause besser aufgehoben. Die Schüler des Internats dürften das Haus nicht verlassen, da „... heute die Staats- und Parteiführung mit den Konterrevolutionären abrechnen wird." Von der Hans-Beimler-Oberschule und der Bruno-Kühn-Oberschule werden staatsfeindliche Wandzeitungsäußerungen gemeldet: „Jeden Montag Demo!", „Neues Forum!", „Gorbi hilf uns!", „Stasi raus!" ist dort zu lesen. [...]

16.30 Uhr: Die diensthabenden Einsatzkräfte der Leipziger Polizei „stellen Bereitschaft her". Volkspolizeihauptmann Dieter Zarges berichtet, es sei „strukturmäßige Bewaffnung" angeordnet, das heißt „... das Übliche plus eine Maschinenpistole und sechs Magazine." [...]

18.15 Uhr: Am Hauptbahnhof bekommen die Bereitschaftspolizisten den Befehl, sich der eintreffenden Menge entgegenzustellen und rücken vor. „Vom Georgiring kamen dann fast 70 000 Leute. Mit 30 000 hatten sie gerechnet. Wir (Bereitschaftspolizisten) hatten sogar den Befehl gekriegt, loszulaufen in Richtung Demonstranten, und sind dann sage und schreibe so um die dreißig Meter vor den Demonstranten zum Stillstand gekommen, wurden zurückgerufen ..." [...]

Martin Jankowski: Der Tag, der Deutschland veränderte. 9. Oktober 1989. Leipzig 2007, S. 86 f., 100, 106

M5 Die Interpretation des Historikers

Die Wirkung des 9. Oktober in Leipzig wurde dadurch wesentlich verstärkt, dass es den Oppositionellen Siegbert Scheffke (!) und Aram Radomski gelungen war, die entscheidende Montagsdemonstration mit einer Videokamera vom Turm der Reformierten Kirche aus aufzunehmen. Die unscharfen Bilder konnte man am nächsten Abend in den Tagesthemen der ARD sehen. [...] Es war der Tag der Entscheidung, der Tag der Überwindung der Angst. Aus dieser Perspektive ist der Fall der Berliner Mauer am 9. November – allerdings mit spektakuläreren Fernsehbildern – ein abgeleitetes Ereignis. In Leipzig ging es um Freiheit und Selbstbefreiung. Erstmals in der deutschen Nationalgeschichte konnte eine Diktatur unblutig und von innen gestürzt werden [...] Oft wird nicht erkannt, welche Bedeutung dem Volk auf den Straßen im Kampf gegen eine Diktatur zukommt – und dass der Fall der Berliner Mauer einen Monat später zuallererst das Resultat eine Verwaltungspanne war.

Rainer Eckert: Der 9. Oktober. Tag der Entscheidung in Leipzig, in: Klaus-Dietmar Henke (Hg.): Revolution und Vereinigung 1989/90. Als in Deutschland die Realität die Phantasie überholte, München 2009, S. 222

M6 Die Erinnerungen des Zeitzeugen Siegbert Schefke

Ich machte vor meinem Haus im Prenzlauer Berg, Gotlandstr.4, eine neue Beobachtung. 3–4 Stasi Leute lungerten rund um die Uhr vor meinem Haus herum. Ging ich zum Bäcker, kamen die Schlapphüte mit. Ging ich zur Gethsemanekirche, kamen sie im Abstand von fünf Metern hinter mir her und warteten vor der Kirchenpforte. Danach begleiteten sie mich wieder. Auch wenn ich meine Freundin Dörte besuchte, kamen sie bis zur ihrer Hauseingangstür mit. [...] Ich war nicht funktionsfähig und genau das wollten sie wohl. Abends standen die 3–4 Stasi-Büttel im Hauseingang, es war dunkel und einer raunte mir ins Ohr „Herr Schefke, wir können auch anders." [...]
Ein Plan musste her, für Montag, den 9. Oktober und Leipzig. Da kam mir eine Idee. Die Stasi stand immer im Hof und glotzte immer nach oben zu mir in den 4. Stock. Ich ging zum Bäcker, die Genossen hinterher. Ich wieder in meine Wohnung. Dann installierte ich Zeitschaltuhren an der Tischlampe im Wohn- und Schlafzimmer. Licht an und aus. Ein letzter Kontrollblick aus dem Fenster. Die Genossen im Hof gönnten sich im Stehen eine Bockwurst. Ich stieg über die Dachluke auf mein Dach und lief über die Hausdächer entlang der Bornholmer Straße bis zur Schönhauser Allee. Hier wartete Aram bereits auf mich. [...]
(Leipzig): Oben schob der Hausmeister eine schwere Dachluke zur Seite und wir waren auf der obersten Plattform des Kirchturms angekommen. [...] Wir legten uns auf den Boden. Das war nicht so angenehm, denn Tauben hatten vorher auf dem Geländer gesessen und das hinterlassen, was Tauben so hinterlassen, Taubendreck. [...] Wir erwarteten die ersten, die mutigsten Leute. Klar, wer vorne marschiert, wird zuerst getroffen, wenn geschossen wird. Die Sprechchöre waren schon zu hören. Eine unbeschreiblich große Menschenmenge näherte sich. In wenigen Minuten waren die ersten unter uns. Welch ein Gefühl, wir da oben. Nervosität bei uns. Unten war es dunkel. Wir hatten keinen Monitor, nur den kleinen Sucher. [...]
Aram fotografierte die Menschenmassen. Unten die Sprechchöre „Wir sind das Volk", „Neues Forum zulassen", „Gorbi, Gorbi", gemeint war Michail Sergejewitsch Gorbatschow, „Völker hört die Signale, auf zum letzten Gefecht! Die Internationale erkämpft das Menschenrecht" [...] Aram stellte fest: „Siggi, heute wird sich die Welt verändern. Wenn die Bilder morgen im West-Fernsehen zu sehen sind, dann wird das nicht nur die DDR, nicht nur Deutschland, sondern ganz Europa und die Welt verändern!" Genau und warum eigentlich nicht! [...]
Wir waren mit Ulli Schwarz verabredet. Ulli war der Korrespondent des „Spiegel", der sich eigentlich nicht in Leipzig aufhalten durfte. Reisen außerhalb der DDR-Hauptstadt mussten West-Journalisten von irgendeinem DDR-Ministerium genehmigt bekommen. Und Reisen nach Leipzig wurden im Herbst 1989 nicht genehmigt. [...] In der Drehtür eines großen Hotels übergab ich die Videokassette mit den 20 Minuten Drehmaterial. Er steckte sie sich unter seinen Mantel, ich denke, diese wanderte in Richtung Unterhose.

Siegbert Schefke: Als die Angst die Seiten wechselte. Die Macht der verbotenen Bilder, Berlin 2019 (in Vorbereitung).

BILDERKRIEG – NINE ELEVEN, 2001

Fotograf **Titel/Bildlegende**	Carmen Taylor (M1), Thomas E. Franklin (M2), Haynes (M3) –
Ort **Zeitpunkt** **Veröffentlichung**	New York, Manhattan 11. September 2001 11. September 2001 (M1), 12. September 2001 (M2), 18. September 2001 (M3)
Bildbeschreibung	Die Fotografien von Taylor und Franklin stehen stellvertretend für viele andere Aufnahmen von Nine Eleven, weil sie jeweils ikonische Eigenschaften aufweisen, die bei kanonischen Bildern häufig vorliegen: nämlich ein bildimmanenter Kontrast und eine ikonografische Tradition. So zeigen a) die vielen Fotos der Twin Towers diese einerseits in kühler Eleganz vor strahlend blauem Himmel und andererseits zugleich brennend, rauchend und in einem Feuerball explodierend. Franklins Motiv wiederum greift die ikonografische Tradition von Joe Rosenthals Foto von Iwo Jima (1945) auf, welches als ein Symbol des siegreichen US-amerikanischen Patriotismus ausgesprochen populär ist.
Historischer Kontext	Die Bilder von Nine Eleven können, so Herfried Münkler, als Symbol für eine Epochenwende verstanden werden. Denn mit dem internationalen Terrorismus sieht sich der Westen nun einer neuen Art der Bedrohung ausgesetzt. Diese entzieht sich den in Zeiten des Kalten Krieges eingeübten Regeln der Konfliktlösung, greift zum ersten Mal seit der Existenz der USA auf deren Territorium über und agiert gleichsam anonym und unkalkulierbar. Der Anschlag vom 11. September 2001 glich einer visuellen Kriegserklärung aus dem Nichts, die in Echtzeit global verfolgt werden konnte.
Deutung	Die Herausforderung der USA bestand neben dem realen Kampf gegen den Terror vor allem auch darin, ausdrucksstarke Bilder gegen die Wirkung der Bildästhetik von Nine Eleven zu finden. Das Bild der Feuerwehrleute am Ground Zero (M2) diente hier als Ersthilfe: Das Foto symbolisiert als visuelles Echo von Iwo Jima die patriotische Siegesgewissheit. Mit den Bildern von Osama Bin Laden wird dem „Bösen“ ein Gesicht gegeben (M3). Der Gegner ist nun definiert, es sind nun Handlungsoptionen gegeben. Um handlungsfähig im Sinne der Kategorien des konventionellen Staatenkriegs zu werden, musste dem individuellen Gegner schließlich ein Territorium zugeordnet werden, welches als militärisches Angriffsziel der US-Streitkräfte dient. Diese Territorialisierung und damit auch die Möglichkeit wirkmächtiger Visualisierung des Konflikts begann mit den Kampfhandlungen in Afghanistan 2001. Sie wurde 2002 mit Bushs Sprachbild von der „Achse des Bösen“ (M4) geopolitisch erweitert und moralisch aufgeladen. Die Fotografie aus dem Situation Room visualisiert die realpolitische Antwort (Tötung Bin Ladens). Nine Eleven ist bildpolitisch jedoch nicht zu schlagen. Grundlegende Einsicht: Medienbilder haben häufig ikonische Eigenschaften, die die Rezeption begünstigen. Bilder können als Mittel in der politischen Auseinandersetzung genutzt werden.
Anregungen für den Unterricht	• *Collage I Gallery Walk* (mit Bildern von Nine Eleven; Recherche im Web) • M1: Analyse als Medienbild • M1 und M2: *Bildvergleich* (u. a. Internetrecherche; zu M1 z. B. Dust Lady, Falling Man; zu M2 Joe Rosenthal: Iwo Jima) • M1 und M2, M3, M4: *Bildvergleich:* Bild und Gegenbilder – Waffengleichheit im Bilderkrieg? • Diskussion: Können Bilder „Waffen“ sein?

M1 Titelbild Der Spiegel, 15. September 2001

Fotografin: Carmen Taylor, Der Spiegel, 15.9.2001 (© DER SPIEGEL 38/2001)

M2 Gegenbild I – Stars and Stripes über Ground Zero, 2001

US-Briefmarke vom Juni 2002 mit dem Foto von Thomas E. Franklin vom 11. September 2001 mit den Feuerwehrleuten George Johnson, Dan McWilliams und Billy Eisengrein.

Fotograf: Thomas E. Franklin, 2001; US-Briefmarke, 2002 (U.S. Government Works)

M3 Gegenbild II – Feindbild Osama bin Laden

Fotograf: Haynes, 2001 (dpa – Fotoreport)

M4 Gegenbild III – Feindbild „Achse des Bösen", 2002

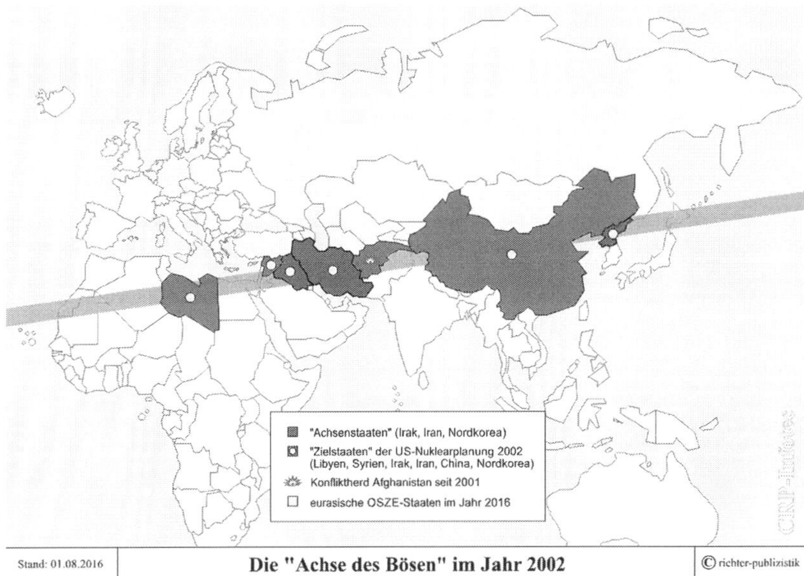

https://crp-infotec.de/sicherheitspolitik-achse-des-boesen/

BILDER ALS VISUELLER TERROR, 2004

Fotograf **Titel/Bildlegende**	unbekannt –
Ort **Zeitpunkt** **Veröffentlichung**	Irak 11. Mai 2004 Video (Internet, Medien)
Bildbeschreibung	Auf dem Boden sitzt ein bärtiger Mann in einem orangefarbenen Overall. Die Farbe dieser Kleidung erinnert an die Kleidung von Gefangenen im Lager Guantanamo Bay Naval Base der USA auf Kuba. Hinter ihm stehen fünf schwarz gekleidete maskierte Männer. Das Video beginnt mit den Worten des sitzenden Mannes: „My name is Nick Berg. My father's name is Michael. My mother's name is Suzanne. I have a brother and sister, David and Sara. I live in [...] Philadelphia." Daraufhin verlesen die maskierten Männer eine Erklärung. Sie begründen die Ermordung ihrer Geisel mit den Folterungen irakischer Gefangener durch US-amerikanische Soldaten im Gefängnis von Abu Ghraib. Anschließend wird Nick Berg zu Boden geworfen und sein Kopf mit einer Machete vom Körper abgetrennt.
Historischer Kontext	Die getötete Geisel Nick Berg (1978–2004) stammte aus einer jüdischen Familie, die in der Nähe von Philadelphia lebt. Sein Vater hatte als Lehrer gearbeitet. Berg war 2004 auf eigene Initiative und aus geschäftlichem Interesse in den Irak gereist, um dort Sendeanlagen zu reparieren. Das Land war nach dem zweiten Irakkrieg 2003 bis 2011 von Truppen aus den Ländern der „Koalition der Willigen" besetzt worden. Als Grund für die Militärinvasion und den Sturz des irakischen Staatspräsidenten Saddam Hussein wurde die angebliche Bedrohung der Zivilbevölkerung der USA durch Massenvernichtungswaffen angeführt. Seit April 2004 wurde durch Bilder aus dem Gefängnis von Abu Ghraib in der Nähe Bagdads bekannt, dass dort Insassen Misshandlungen, Erniedrigungen und Vergewaltigungen durch US-amerikanische Soldaten ausgesetzt waren. Mutmaßlich soll das Video auch Abu Musab az-Zarqawi (1966–2006) zeigen, ein führendes Mitglied von Al-Qaida.
Deutung	Nick Berg war ein zufälliges Opfer. Das Video soll auch nicht die Bestrafung eines Schuldigen bezeugen. Es nutzt einen Stellvertreter, um mit dessen demonstrativer Ermordung und mithilfe des Internets weltweit Schrecken zu verbreiten. Das Bild wird zur weltweit wirksamen Waffe, so wie es die Machete vor Ort war. Alle diejenigen, die das Video oder Standbilder daraus zeigen, lassen sich – ob beabsichtigt oder nicht – zum Helfershelfer des Terrors machen. Deswegen wird hier das Bild der Tat ersetzt durch eine Fotografie Bergs, die diesen in einem privaten Kontext zeigt.
Anregungen für den Unterricht	• Hinschauen oder Wegsehen? Das Verbrechen durch Veröffentlichung für jedermann dokumentieren oder die Terrorbilder nicht zeigen? (Diskussion) Vgl. auch „Festung Europa", M2.

M1 Nicholas Berg in einem Privatfoto

Fotograf: Tom Mihalek, 2004 (picture-alliance/dpa)

M2 Terrorbilder

Der Schock, der den Betrachtenden ergreift, ist das Motiv für die Tat. Die Kamera, die die Bilder aufnimmt, gehört zum Tatwerkzeug wie das Messer, das den Kopf abschneidet. Wer die Bilder zeigt, wird zwangsläufig zum Instrument der Täter.

Bernd Pickert: Bild als Waffe, taz, 13.5.2004

M3 Opfer von durch Bilder (Film, Foto) dokumentierten Exekutionen

Auswahl 2004–2015:

- Nicholas Evan Berg (1978–2004), US-amerikanischer Geschäftsmann
- Fabrizio Quattrocchi (1968–2004), italienischer Sicherheitsoffizier
- James Wright Foley (1973–2014), US-amerikanischer Journalist
- Steven Joel Sotloff (1983 bis August oder September 2014), US-amerikanisch-israelischer Journalist
- Alan Henning (1967 bis September oder Oktober 2014), britischer Entwicklungshelfer
- David Cawthorne Haines (1970–2014), britischer Entwicklungshelfer
- Peter Kassig (1988–2014), US-amerikanischer medizinischer Katastrophenhelfer und ehemaliger US-Soldat des 75th Ranger Regiments
- Haruna Yukawa (1972–2015), japanischer Staatsbürger, der syrische Rebellen begleitete
- Kenji Gotō (1967–2015), japanischer Journalist
- [...]

https://de.wikipedia.org/wiki/Liste_von_Hinrichtungen_durch_den_IS

M4 Was tun?

Die Bildgeschichte des Krieges zeigt, dass auch die drastischsten, anrührendsten und Mitleid erregendsten Aufnahmen keine Kriege verhindern konnten. Was Aufnahmen und Berichte von Kriegsschauplätzen aber leisten können, ist als Bilddokumente der Strafverfolgung, aber auch der Vergangenheitsbewältigung zu dienen. Daraus kann geschlossen werden, dass die journalistische und künstlerische Bildberichterstattung über den Krieg nach wie vor eine bedeutende Rolle hat. Aber muss jedes Horrorbild, das aktuell verfügbar ist, auch in den Massenmedien gezeigt werden? [...] Die demokratischen Massenmedien müssen eine eigene stilistische Antwort auf ihre visuelle Instrumentalisierung in Krieg und Terrorismus finden.

Marion G. Müller: Burning Bodies. Visueller Horror als strategisches Element kriegerischen Terrors – eine ikonologische Betrachtung ohne Bilder, in: Thomas Knieper/Marion G. Müller (Hg.): War Visions. Bildkommunikation und Krieg, Köln 2005, S. 421

„STREET FIGHTING MAN" IN OSTJERUSALEM?, 2011

Fotograf	Ruben Salvadori, Pressefotograf
Titel/Bildlegende	–
Ort	Silwan, Stadtteil in Ostjerusalem
Zeitpunkt	6. Mai 2011
Veröffentlichung	2013
Bildbeschreibung	Im zentralen Bereich der Fotografie steht mittig auf einer Straße frontal dem Fotografen zugewandt ein junger Mann im Alter von ca. 20 bis 30 Jahren. Er trägt Turnschuhe, Jeans und ein (signal-)rotes, ärmelloses T-Shirt, sein Gesicht ist bis auf die Augen durch ein weißes Tuch vollkommen verdeckt. In der rechten Hand hält er eine Flasche, in der linken einen Stein. Direkt hinter ihm links lodert auf der leicht abschüssigen Straße ein Feuer. Der schwarze Rauch zieht nach rechts diagonal durch den Bildraum. Neben dem Feuer sind Steine in verschiedener Größe zu sehen. Im Hintergrund bewegen sich Passanten. Durch eine andere Perspektive auf dieselbe Situation wird ein erweiterter Kontext hergestellt. Der Fotograf Ruben Salvadori fotografiert diesmal seine Pressekollegen bei der Arbeit. Der identische junge Mann ist hier umringt von sieben Fotografen. Er selbst hält einen blauen Benzinkanister in der Hand. Die Situation wirkt weitgehend entspannt. Im Hintergrund ist ein Mann zu erkennen, der aus einem Hof heraus ein Zeichen gibt.
Historischer Kontext	In Silwan in Ostjerusalem kam es in der Zeit der Aufnahme an jedem Freitag zu Auseinandersetzungen von Palästinensern mit dem israelischen Militär. Der Grund lag in dem wachsenden Anteil der jüdischen Bevölkerung in dem Stadtteil, der mehrheitlich von Palästinensern bewohnt wird. Die Ansiedlung von Juden in den palästinensischen Gebieten ist ein zentrales Hindernis im Nahost-Friedensprozess. Das 1980 von der Knesset verabschiedete Jerusalemgesetz beansprucht das gesamte Gebiet Jerusalems als Gebiet der Hauptstadt Israels. Im selben Jahr erklärte die Resolution 478 des UN-Sicherheitsrates das Jerusalemgesetz für ungültig.
Deutung	Im israelisch-palästinensischen Konflikt verfügen die gegnerischen Parteien über ungleiche militärische Mittel zur Durchsetzung ihrer Interessen. Ausgehend von dieser Asymmetrie der Macht versucht die palästinensische Seite, ihre Unterlegenheit durch dramatische Bilder auszugleichen. Dabei wird die Asymmetrie unter umgekehrten Vorzeichen visuell genutzt. Die Unterlegenheit wird umgedeutet in eine moralische Legitimität. Dafür werden Bildmotive genutzt, die eine David-gegen-Goliath-Situation visualisieren (z. B. Steine auf israelische Panzer werfende Kinder und Jugendliche). Die Fotoarbeiten von Ruben Salvadori machen diese Strategie transparent. Sie zeigen auf, dass nicht nur authentische Szenen von Steine werfenden Palästinensern abgelichtet werden, sondern auch, dass vermeintliche Authentizität in Szene gesetzt wird, um geeignete Medienbilder zu generieren. Fotojournalisten und Demonstranten verfolgen aus unterschiedlichen Gründen dasselbe Interesse am wirkmächtigen Bild. Die einen suchen ein Motiv, welches sich gut verkaufen lässt, die anderen ein Bild, welches politisch wirksam ist. Diese Bildinszenierungen können jedoch nicht gegen Aufnahmen ausgespielt werden, die nicht inszenierte David-Goliath-Motive aus Realsituationen zeigen. Grundlegende Einsicht: Fotografien zeigen immer nur einen raumzeitlichen Ausschnitt – um angemessene Aussagen treffen zu können, müssen sie kontextualisiert werden.
Anregungen für den Unterricht	• M1, M2: Formulieren von *Bildlegenden (III)* in zwei Arbeitsgruppen ohne jeweilige Kenntnis des Bildes der anderen Gruppe, Vergleich • Diskussion: Die Straßenbilder von Silwan – eine Täuschung der Betrachter?

M1 Palästinenser in Ostjerusalem – Bildausschnitt I

Fotograf: Ruben Salvadori, 2011

M2 Palästinenser in Ostjerusalem – Bildausschnitt II

Fotograf: Ruben Salvadori, 2011

6. DIE FOTOGRAFIE ALS MANIPULATION

VERDUN – VISIONS D'HISTOIRE, 1928

Fotograf **Titel/Bildlegende**	Georges Million (1898–1958), Robert Batton (*1897–?), Kameramänner –
Ort **Zeit** **Veröffentlichung**	Verdun Filmaufnahmen: August 1927 bis September 1928 8. November 1928 (Filmpremiere in der Opéra de Paris)
Bildbeschreibung	Sieben Männer in französischen Uniformen stürmen aus dem Hintergrund über eine von Kratern durchpflügte Landschaft nach vorne. Im Vordergrund steht auf einem Erdhügel ein einzelner Soldat. Der Oberkörper fällt nach hinten zurück. Der Körperhaltung nach zu urteilen wird er gerade von einer Kugel getroffen. Der Vordergrund (unten) ist durch die dunklen Farbtöne der Erde dominiert, im Bildhintergrund (oben) hellt sich die Szenerie durch Rauchschwaden auf.
Historischer Kontext	Die Schlacht um Verdun 1916 gilt als Symbol für den mörderischen Stellungskrieg im Ersten Weltkrieg. In zehn Monaten fanden 300.000 Soldaten den Tod. Die Schlacht steht einerseits als Symbol für die Industrialisierung des Krieges, andererseits auch als Symbol für den archaischen Kampf Mann gegen Mann. In der deutschen Rezeption dominiert das Narrativ vom sinnlosen Ausbluten, in Frankreich dagegen das des erfolgreichen Widerstands gegen den Angreifer. Aus Anlass des zehnten Jahrestags der Unterzeichnung des Waffenstillstands in Compiègne wurde am 8. November 1918 der Film „Verdun – Visions d'histoire" uraufgeführt. Mit dem Semidokumentarfilm wollte der Regisseur Léon Poirier (1884–1968) eine pazifistische Versöhnungsgeste in Szene setzen. Die Perspektiven sind im Film ausgewogen, auf ein Freund-Feind-Schema wurde verzichtet. Um einen größtmöglichen Authentizitätseffekt zu erzielen, ließ Poirier die Kämpfe an Originalschauplätzen durch Veteranen nachstellen und mischte in die Aufnahmen Archivmaterial. Deshalb wurden manche der Standfotos und Fragmente lange für Originaldokumente aus dem Krieg gehalten. Erst als der lange verschollene Film 2006 in Moskau wiederentdeckt worden war, wurde die tatsächliche Herkunft der vermeintlich authentischen Fotografie entdeckt.
Deutung	Die Fotografie wurde und wird in deutschen Schulbüchern als authentische Quelle aus der Zeit des Ersten Weltkrieges abgedruckt. Die Aufnahme weist Merkmale eines medientauglichen Kriegsbildes auf (vgl. Kapitel 1; M2). Diese Merkmale können auch bei anderen symbolischen Fotografien festgestellt werden. So z. B.: Der Junge aus dem Warschauer Ghetto (1943), David gegen Goliath (1953) oder Sprung in die Freiheit (1961). Grundlegende Einsicht: Medienbilder haben häufig ikonische Eigenschaften, die die Rezeption begünstigen. Ertragreich für die Analyse einer Fotografie ist immer die Frage, wer in der gezeigten Situation überhaupt fotografieren konnte.
Anregungen für den Unterricht	• M1: *Fünf-Sinne-Check, Fotograf* • M1: Diskussion: Inszenierung oder Dokument? (Standort des Fotografen!) • M2: Analyse der Fotografie als Medienbild: Diskussion (mit oder ohne Vorgabe der Merkmale) • Transfer: Untersuchung anderer (Kriegs-)Fotografien im Schulbuch, in der aktuellen Presse • Diskussion: Grenzen der Darstellung des Krieges in den Medien

M1 Verdun – Visions d'histoire, 1928 (Standbild)

Filmbild aus „Verdun – Visions d'histoire"

M2 Bildmuster – Merkmale erfolgreicher Medienbilder

Der todesmutige Fotograf? Inszenierung eines Angriffs im Film „Verdun – Visions d'histoire" (1928)		
Dramatisierung Verdichtung der zeitlichen Abfolge im „entscheidenden Augenblick"	**Reduktion** Singuläres, jedoch typisches Ereignis im Stellungskrieg	**Personalisierung** Der Einzelne als Stellvertreter für Allgemeines
Synästhetische Tendenz Suggestion von Wahrnehmungen auf verschiedenen Sinnesebenen: Sehen, Hören, Spüren, Riechen ...	**Filmbild aus „Verdun – Visions d'histoire"**	**Zeitstruktur** Bewegung (vorwärts – rückwärts) Leben (noch Lebender, aber im Moment des Todes)
Ästhetisierung Vermeintlich unbeschädigter Körper Gebärdefigur als zentrales Motiv	**Der Betrachter ist im Bild** Einbeziehung des Betrachters in den zu ihm offenen Bildraum Bewegung auf den Betrachter zu	**Emotionalisierung** Augenblick des Todes

DIE AUSRUFUNG DER REPUBLIK, 1918

Fotograf	Erich Greiser, Berlin-Lichtenberg
Titel/Bildlegende	„Der historische Augenblick: Die erste Verkündung der neuen Regierung durch Philipp Scheidemann vom Balkon des Reichstagsgebäudes aus."
Ort	Berlin, Deutscher Reichstag
Zeit	„9. November 1918"
Veröffentlichung	Berliner Illustrirte Zeitung, 24. November 1918, Nr. 47, S. 372 (Verkauf ab: 21. November 1918)
Bildbeschreibung	Im Vordergrund ist eine Ansammlung von Männern in Rückenansicht zu sehen, die ihre Hüte schwenken und ihre Arme heben. Aus der Untersicht zeigt das Bild den Westbalkon (zweites Fenster nördlich des Portikus) an der Frontseite des Deutschen Reichstags. Rechts steht ein Mann mit erhobenem Arm auf einer Brüstung. Links von ihm sind ca. sechs weitere Personen zu erkennen.
Historischer Kontext	Am 9. November 1918 sprach Philipp Scheidemann eine halbe Stunde vor 14 Uhr zu einer Menge, die sich vor dem Deutschen Reichstag versammelt hatte. Der Überlieferung zufolge hat Scheidemann die Republik ausgerufen. Ein Live-Mitschnitt der Rede war 1918 technisch nicht möglich. Auf Bitten des Sprachwissenschaftlers Wilhelm Doegen (1877–1967) sprach Scheidemann am 9.1.1920 jedoch seine Rede in einem Berliner Tonstudio auf einen Tonträger (M2). Diese Aufnahme wurde im Berliner Lautarchiv (heute: Humboldt-Universität Berlin) archiviert. Später wurde eine Schallplatte mit dem gleichlautenden Text angefertigt.
Deutung	In Schulgeschichtsbüchern werden verschiedene Bilder als Illustration für Scheidemanns Ausrufung der Republik verwendet. Zwei dieser Fotografien zeigen ihn jedoch an einem Fenster des Reichskanzlerpalais'. Eines dieser Bilder stammt vom 9. Januar 1919, als die SPD eine Demonstration aus Anlass des Berliner Aufstandes der äußersten Linken durchführte (Berliner Illustrirte Zeitung, 19.1.1919, S. 20), das andere Foto aus dem Sommer 1919 entstand aus Anlass der Verhandlungen zum Friedensvertrag von Versailles (Zeitbilder. Beilage zur Vossischen Zeitung, Nr. 19, 25.5.1919). Historisch zutreffend ist jedoch, dass Scheidemann vom Reichstag aus sprach. In Bildarchiven, -agenturen fand und findet sich nicht selten der Hinweis, dass es sich bei der Reichstags-Aufnahme (M1) um eine nachträgliche Inszenierung aus den zwanziger Jahren handele. Bekannt ist aber seit Langem (Hamann 2001), dass die Fotografie in der Berliner Illustrirte Zeitung (BIZ) in der Ausgabe vom 24. November 1918 veröffentlicht wurde. Tatsächlich kam die BIZ jedoch schon immer am Donnerstag in den Verkauf, also am 21. November, d. h. erst 12 Tage nach den entscheidenden Ereignissen. Als Fotograf wird dort Erich Greiser genannt. Diethart Kerbs, der Kenner der Fotogeschichte der Novemberrevolution von 1918, bestätigte dem Autor im Jahr 2001, dass über einen Pressefotografen dieses Namens keine biografischen Kenntnisse vorliegen. Im Berliner Adressbuch von 1918 sind zwei Personen mit dem Namen Erich Greiser genannt, deren Berufe sind jedoch Kupferschmied und Mechaniker. Scheidemann nutzte das Foto von 1918 in seinen Memoiren von 1928 als Vorlage für eine fotorealistische Zeichnung, verzichtete jedoch auf das Foto selbst. Den Verdacht, dass es sich bei dem Foto um eine Reinszenierung oder um eine Aufnahme einer anderen Situation handelt, hatte schon Manfred Jessen-Klingenberg 1968 geäußert (S. 640, Anm. 2). Auch ein zeitgenössischer Quellenbeleg nährt zunächst die Skepsis. So schreibt „Die rote Fahne" vom 10. November 1918 in ihrem Bericht „Der gestrige Tag in Berlin", Scheidemann habe nicht vom Reichstag aus, sondern „*vor* dem Reichstag" von der „Freitreppe" des Reichstags aus gesprochen (M3). Bekannt ist jedoch mittlerweile, dass Scheidemann am 9.11.1918 sowohl von der Freitreppe wie auch zweimal vom Balkon aus gesprochen hat (Machtan 2018b).

Deutung	Die Fotografie ist mit hoher Wahrscheinlichkeit das Ergebnis einer (Positiv- oder Negativ-)Montage aus zwei Teilen, nämlich a) das untere Bilddrittel mit den Zuhörern (vermutlich: Schnitt an der unteren Horizontale der Fassade) und b) der oberer Abschnitt mit einem Redner auf dem Balkon. Dafür sprechen die nicht stimmigen Proportionen zwischen Redner und Zuhörer. Der Historiker Lothar Machtan (2018a) geht davon aus, dass selbst der Redner auf der Brüstung des Balkons hineinmontiert wurde. Dafür spricht der Lichtkranz um die Figur des Redners, der in der Erstveröffentlichung von 1918 deutlich zu erkennen ist (M1). Dieser deutet auf eine Bildbearbeitung hin. Seriös kann eine solche jedoch nur dann belegt werden, wenn ein Negativ vorliegt. Vermutlich wurde die Balkonfotografie zwischen dem 9. November und dem 21. November 1918 angefertigt und verbreitet. Mit der Existenz und Verbreitung einer vermeintlich authentischen Balkonfotografie konnte die Legitimität des eigenen Herrschaftsanspruchs unterstrichen werden. Von der Liebknecht-Rede existieren wiederum keine Aufnahmen. Das Wissen, dass mit Bildern Politik gemacht werden kann, war zeitgenössisch durchaus präsent. Dies belegt eindrücklich der Skandal um das Badehosen-Foto Eberts wenige Monate später. Seit Langem bekannt ist, dass es von Scheidemanns Rede verschiedene Textversionen gibt. Die Rede vom 9. Januar 1920 (M2) ist, mit Änderungen allein stilistischer Natur, in Scheidemanns Memoiren von 1928 abgedruckt. Exakt 15 Monate nach der Novemberrevolution stehen in dieser Fassung die Spaltung der Arbeiterbewegung, der Gegensatz zwischen parlamentarische Demokratie und Rätesystem wie auch die Dolchstoßlegende im Mittelpunkt. Er schildert die Situation so, als habe er um 14 Uhr schon gewusst, dass Liebknecht um 16 Uhr die sozialistische Republik ausrufen will, dem es zuvorzukommen galt. Und er schildert die Situation als einen spontanen Akt voller Pathos und sich selbst als maßgeblichen Akteur. Mit der Rede von 1918 (M3) verfolgte Scheidemann das Ziel, mit der Ausrufung der Republik die Sozialdemokratie an die Spitze der Revolution zu setzen und diese ordnungspolitisch zu kanalisieren. Kontinuität und Legitimität sollten betont werden. Außerdem wird die Entscheidung für die Republik getroffen. In dem Begleittext zur Veröffentlichung des Balkonfotos in der Berliner Illustrirten Zeitung (M4) wird der Eindruck erweckt, dass die SPD die Revolution eingeleitet hätte und damit ihr Führungsanspruch der legitime sei. Die Ausrufung der Republik wird in diesem Text nicht erwähnt. Die wörtliche Wiedergabe der Rede von Scheidemann in Die rote Fahne (M3) nicht einmal 24 Stunden nach den Ereignissen spricht gegen die These des Historikers Lothar Machtan, Scheidemann habe am 9. November 1918 nur zu Ruhe und Ordnung aufgerufen, nicht aber die Republik (Machtan 2018a). Diese These revidiert Machtan später selbst (Machtan 2018b).
Anregungen für den Unterricht	• M1: *Bildersuche, Alterität* • M2: Ersteindruck Audiodatei (Empfindungen, Assoziationen) • M2: Analyse/Interpretation (Gegen wen wendet sich Scheidemann? Was fordert er von der eigenen Gefolgschaft?) • M2, M3: Vergleich: Unterschiede Intention bzw. historische Kontextualisierung der Textquellen • M1, M3, M4: Vergleich der Quellen: Die Fotografie – eine Fälschung? Pro- und Kontra-Argumente • Abfassung einer quellenbasierten Erzählung über die Ausrufung der Republik

M1 Die „Ausrufung der Republik" am 9. November 1918 – Fotografie

Fotograf: Erich Greiser, Berliner Illustrirte Zeitung, 24.11.1918, Nr. 47, S. 372 (© Deutsches Historisches Museum)

M2 Die „Ausrufung der Republik" – Tonaufnahme, 9. Januar 1920

Links und rechts redeten meine Begleiter auf mich ein. Zwischen dem Schloss und dem Reichstag, so wurde versichert, bewegen sich ungeheure Menschenmassen hin und her. „Liebknecht will die Sowjetrepublik ausrufen!" Was? Nun sah ich die Situation klar vor Augen. Deutschland eine russische Provinz, eine Sowjet-Filiale? Nein! Tausendmal nein! Kein Zweifel: Wer jetzt die Massen vom Schloss her „bolschewistisch" oder vom Reichstag zum Schloss hin „sozialdemokratisch" in Bewegung bringt, der hat gesiegt! Ich sah den russischen Wahnsinn vor mir, die Ablösung der zaristischen Schreckensherrschaft durch die bolschewistische. „Nein! Nein! Nur nicht auch das noch in Deutschland nach all dem anderen Elend!" Schon stand ich am Fenster. Viele Tausende von Armen reckten sich, um Hüte und Mützen zu schwenken. Dann wurde es still. Ich sprach nur wenige Sätze: „Arbeiter und Soldaten! Furchtbar waren die vier Kriegsjahre. Grauenhaft waren die Opfer, die das Volk an Gut und Blut hat bringen müssen. Der unglückselige Krieg ist zu Ende. Das Morden ist vorbei. Die Folgen des Kriegs, Not und Elend, werden noch viele Jahre auf uns lasten. Die Niederlage, die wir unter allen Umständen verhüten wollten, ist uns nicht erspart geblieben, weil unsere Verständigungsvorschläge sabotiert wurden, wir selbst wurden verhöhnt und verleumdet.

Die Feinde des werktätigen Volkes, die wirklichen ‚inneren Feinde', die Deutschlands Zusammenbruch verschuldet haben, sind still und unsichtbar geworden. Das waren die Daheimkrieger, die ihre Eroberungsforderungen bis zum gestrigen Tag ebenso aufrechterhielten, wie sie den verbissenen Kampf gegen jede Reform der Verfassung und besonders des schändlichen preußischen Wahlsystems geführt haben. Diese Volksfeinde sind hoffentlich für immer erledigt. Der Kaiser hat abgedankt. Er und seine Freunde sind verschwunden. Über sie alle hat das Volk auf der ganzen Linie gesiegt!

Der Prinz von Baden hat sein Reichskanzleramt dem Abgeordneten Ebert übergeben. Unser Freund wird eine Arbeiterregierung bilden, der alle sozialistischen Parteien angehören werden. Die neue Regierung darf nicht gestört werden in ihrer Arbeit für den Frieden, in der Sorge um Brot und Arbeit.
Arbeiter und Soldaten! Seid euch der geschichtlichen Bedeutung des Tages bewusst. Unerhörtes ist geschehen. Große und unübersehbare Arbeit steht uns bevor. Alles für das Volk, alles durch das Volk! Nichts darf geschehen, was der Arbeiterbewegung zur Unehre gereicht. Seid einig, treu und pflichtbewusst!
Das Alte und Morsche, die Monarchie ist zusammengebrochen. Es lebe das Neue! Es lebe die Deutsche Republik!"

Rainer E. Lutz: Discographie der deutschen Sprachaufnahmen, Bd. 1, Bonn 1995, S. 237; Philipp Scheidemann: Memoiren eines Sozialdemokraten, Dresden 1928, S. 310–312. Audiodatei der Tonaufnahme vom 9. Januar 1920: https://www.dhm.de/lemo/kapitel/weimarer-republik/revolution-191819.html

M3 Die „Ausrufung der Republik" – Pressebericht, 10. November 1918

Der Zug der streikenden Arbeiter der Gesellschaft für drahtlose Telegraphie kam gegen ½ 2 Uhr vor dem Reichstage an. Eine Abteilung Jäger* besetzte die Freitreppe, vor der die Menge sich sammelte. Abgeordneter Scheidemann hielt eine Ansprache, der wir folgendes entnehmen:
Scheidemann vor dem Reichstag
Arbeiter und Soldaten! Das deutsche Volk hat auf der ganzen Linie gesiegt. (Hochrufe) Das Alte, Morsche ist zusammengebrochen. Der Militarismus ist erledigt! Die Hohenzollern haben abgedankt. Es lebe die deutsche Republik! (Hochrufe) Ebert bildet eine neue Regierung. Alle sozialdemokratischen Richtungen werden ihr angehören. (Stürmischer Beifall) Jetzt besteht unsere Aufgabe darin, diesen glänzenden Sieg, diesen vollen Sieg des deutschen Volkes nicht beschmutzen zu lassen. Deshalb bitte ich Sie, sorgen Sie dafür, dass keine Störung der Sicherheit eintritt. Wir müssen stolz sein können für die Zukunft auf diesen Tag! Nichts darf existieren, was man uns später würde vorwerfen können. Ruhe, Ordnung und Sicherheit, das ist das, was wir jetzt brauchen. [...] Sorgen Sie für die Sicherheit des neuen Volksstaates, den wir errichten werden. Es lebe die deutsche Republik! (Stürmischer Beifall und Hochrufe!)

Die Rote Fahne. Ehemaliger Berliner Lokalanzeiger, 10.11.1918, Nr. 2, S. 3 („Der gestrige Tag in Berlin")

* Jäger: hier bewaffnetes Militär (Infanterie)

M4 „Ein historischer Augenblick" – der zeitgenössische Begleittext zur bekannten Fotografie

Ein historischer Augenblick. Sonnabend, den 9. November, vormittags traten die sozialdemokratischen Mitglieder aus der Regierung aus, obwohl sie ihr Ultimatum in der Abdankungsfrage verlängert hatten. Zur selben Zeit traten die Arbeiter in den Großbetrieben in Ausstand und setzten sich vom Norden und Osten her in Bewegung gegen Berlin. Die 4. Jäger* und die „Maikäfer"* traten zu den Arbeitern über, die „B.Z. am Mittag" flatterte über Berlin nieder mit der Nachricht von der Abdankung des Kaisers. Das war das Signal für die Bevölkerung, die gleich darauf die Straßen und Plätze der Stadt füllte. Während die ersten Militärautos mit rotbebänderten Soldaten die Straßen durcheilten, begannen im Reichstag die Einigungsverhandlungen zwischen Mehrheitssozialisten und Unabhängigen. Scheidemann erschien gegen ½ 2 Uhr auf einem Balkon des Reichstagsgebäudes und verkündete den Sturz der Dynastie und die Bildung der neuen Regierung. Diesen historischen Augenblick, der die Revolution einleitete, hat ein Photograph im Bilde festgehalten. Wir sind in der Lage, die seltene Aufnahme heute unseren Lesern zu zeigen.

Berliner Illustrirte Zeitung, 24.11.1918, Nr. 47, S. 372 (DHM). Die Veröffentlichung der BIZ war zwar grundsätzlich auf den Sonntag datiert, sie kam jedoch schon immer am Donnerstag davor auf den Markt. Tatsächlich war die BIZ also schon am 21.11.1918 erschienen.

* „Jäger" und „Maikäfer", hier: bewaffnetes Militär (Infanterie)

RÜCKZUG DER DEUTSCHEN WEHRMACHT VOR MOSKAU, 1941

Fotograf	Arkadi Schaichet (1898–1959), Pressefotograf, Frontkorrespondent
Titel/Bildlegende	„Rückzug der faschistischen Truppen vor Moskau (Das Foto entstand im Raum Mohaisk)"
Ort	Mohaisk (ca. 110 km westlich von Moskau)
Zeitpunkt	unbekannt
Veröffentlichung	Prawda, Nr. 363, 31. Dezember 1941, S. 2
Bildbeschreibung	Die unscharfe Abbildung zeigt rd. zwölf bewaffnete Männer in Uniformen der deutschen Wehrmacht, die auf schneebedeckter Fläche diagonal von links hinten nach rechts vorne laufen. Deren geduckte Haltung und der wehende Mantel des Mannes im Bildvordergrund rechts lassen vermuten, dass die Soldaten starkem Gegenwind ausgesetzt sind. Die Bildlegende gibt an, dass die Fotografie Angehörige der deutschen Wehrmacht zeigt, die vor Moskau auf dem Rückzug sind. Die Bildlegende in einem Band mit Kriegsfotografien von russischen Fotografen lautet dagegen „Deutsche Kriegsgefangene, Frühwinter 1941".
Historischer Kontext	Vgl. Kapitel Ostfront – die deutsche Propaganda
Deutung	Der Veröffentlichungsort wirft die Frage auf, wie eine Fotografie, welche den Rückzug der bewaffneten deutschen Wehrmacht im Winter 1941 zeigt, in die sowjetische Prawda kommt? Wie konnte ein sowjetischer Fotograf ohne Gefahr für sein eigenes Leben eine solche Aufnahme machen? Die Herkunft des Fotos wie auch der Name des Fotografen werden in der Prawda nicht genannt. Unbestimmt heißt es nur: „Das Foto entstand im Raum Mohaisk." Von dieser Situation gibt es eine weitere Aufnahme in größerer Bildschärfe und Seitenansicht. Diese vermittelt wesentlich stärker den Eindruck eines Schneesturmes. Sie zeigt auch die unzureichende Bekleidung des Soldaten. Der tatsächliche Kontext: Zahlreiche Fotokorrespondenten, die zur sowjetischen Elite der Kriegsfotografen gehörten, darunter auch Arkadi Schaichet, wurden zu einem „Fototermin" an einen näher nicht bekannten Ort beordert. Mithilfe von Flugzeugpropellern wurde „Sturmwind" erzeugt, um die Dramatik zu erhöhen (Aussage von Schaichets Enkelin Marija Shotikowa). Die Soldaten sind deutsche Kriegsgefangene, die z. T. mit Gewehren ausgestattet wurden. In Mohaisk existierte ein Kriegsgefangenenlager. Diese Fotoinszenierung sollte zu propagandistischen Zwecken illustrieren, wie unzureichend die geschlagenen deutschen Soldaten auf den russischen Winter vorbereitet waren. Grundlegende Einsicht: Ertragreich für die Analyse einer Fotografie ist auch die Frage, wer in der gezeigten Situation überhaupt fotografieren konnte.
Anregungen für den Unterricht	• M1/M2: *Adjektivliste, Zeitreise I, Fünf-Sinne-Check* • M1: *Bildlegende I* Welche der folgenden Bildlegenden ist wohl die plausibelste? Begründe: a) Rückzug der faschistischen Truppen vor Moskau (Aufnahme eines sowjetischen Fotografen in der Prawda) b) Vormarsch der deutschen Wehrmacht auf Moskau (Aufnahme eines Fotografen einer deutschen Propagandakompanie) c) Deutsche Kriegsgefangene auf dem Weg in ein sowjetisches Lager (Aufnahme eines sowjetischen Fotografen in der Prawda) d) Keine der drei genannten Bildlegenden • Diskussion: Können Bilder lügen? • Vertiefung: Bildrecherche Internet: Napoleons Feldzug in Russland 1812 (Vergleich der Bildmotive 1812 und 1941)

M1 Soldaten der deutschen Wehrmacht im Winter 1941 – Version

Fotograf: Arkadi Schaichet

M2 Soldaten der deutschen Wehrmacht im Winter 1941 – Version

Fotograf: Arkadi Schaichet

OSTFRONT – DIE DEUTSCHE PROPAGANDA, 1941

Fotograf	Galweit, Gösling, Fotografen einer deutschen Propagandakompanie
Titel/Bildlegende	„Zuversicht – Hoffnungslosigkeit. Der eine weiß, wofür er kämpft; der andere weiß es nicht. Der Soldat der Ostfront und ein Scherge Stalins"
Ort	unbekannt
Zeitpunkt	unbekannt
Veröffentlichung	IB – Illustrierter Beobachter, 16. Jg., Folge 52, Mittwoch, den 24. Dezember 1941
Bildbeschreibung	Links (geografisch gesehen: Westen) ist ein bewaffneter Wehrmachtssoldat in Winterkleidung zu sehen. Er blickt mit leicht gesenktem Haupt skeptisch-entschlossen in die Richtung des Fotografen. Das schmale Gesicht steht im Kontrast zum Körperumfang. Dieser scheint der pelzgefütterten Uniform über einem Pullover (Ärmel) geschuldet zu sein. Darüber trägt der Soldat eine weiße Wintertarnung. Mit einem kummervollen Blick wendet sich dagegen der Soldat rechts (geografisch gesehen: Osten) dem Fotografen zu. Seine Kleidung erweckt nicht den Anschein einer Uniform. Sie wirkt schäbig und zerschlissen. Er steckt seine beiden Hände in die Ärmel des Mantels, offenbar friert er ohne Handschuhe. Im Hintergrund sind schemenhaft weitere Soldaten zu sehen, er ist Teil einer Gruppe (vermutlich Kriegsgefangene).
Historischer Kontext	Während der Schlacht um Moskau ging die Rote Armee vom 5. Dezember 1941 bis zum 7. Januar 1942 in die Gegenoffensive und konnte auf einer etwa 1.000 Kilometer breiten Front bis 250 Kilometer nach Westen vorrücken. Der Winter hatte in dieser Region vier Wochen früher als gewöhnlich eingesetzt. Schon Anfang November 1941 gab es strengen Frost. Ende November 1941 wurden Temperaturen unter minus 37 Grad gemessen. Im Gegensatz zur Roten Armee waren die Wehrmachtssoldaten unzureichend mit warmer Winterkleidung ausgerüstet. Um den Mangel zu beheben, gab es im Deutschen Reich Aufrufe zu Sammelaktionen für Winterbekleidung und Decken u. a. Neben Toten und Verwundeten hatte die deutsche Wehrmacht nach der Schlacht um Moskau mindestens 100.000 Ausfälle durch Erfrierungen. Für die Teilnahme an der Winterschlacht 1941/42 an der Ostfront wurde eine Medaille vergeben, die im Jargon der Wehrmachtssoldaten „Gefrierfleischorden" oder „Eisbeinorden" genannt wurde.
Deutung	In der deutschen Publikation dient die Gegenüberstellung der Soldaten mit der unterschiedlichen Winterbekleidung propagandistischen Zwecken. Die Botschaft des visuellen Kontrastes wird durch die Bildlegende noch einmal akzentuiert. Der Winter sei der Feind der Roten Armee. Das NSDAP-Blatt Illustrierter Beobachter (Auflage: 800.000) suggerierte mit seiner Weihnachtsausgabe der Anhängerschaft im Deutschen Reich den Erfolg der Kleidersammlung, die Sammlung lohne sich, die „Geschenke" seien an der Ostfront angekommen. Kurz vor den Weihnachtstagen hatte die NS-Presse noch mit der Losung geworben: „Dein Weihnachtsgeschenk für die Front. Warme Wintersachen." Die Botschaft des Kontrastbildes ist eindeutig: An der Ost- wie an der Heimatfront zeigt das deutsche Volk Stärke. Grundlegende Einsicht: Auch ohne Manipulationen am Bild selbst kann durch ein Bild-, Textarrangement eine propagandistische Botschaft vermittelt werden.
Anregungen für den Unterricht	• *Fotograf* • M1: Analyse und Interpretation (Bildgegenstand, -gestaltung, -botschaft, -legende) bzw. Vergleich (der Fotografien: Kleidung, Gesichtsausdruck, Körperhaltung) und Beurteilung der Titelseite • M1 bzw. M2, M3: Vergleich • Bildpropaganda im Krieg: Formulierung eines Artikels für ein Schülerlexikon

M1 Illustrierter Beobachter, Weihnachten 1941

Illustrierter Beobachter, 16. Jg., Folge 52, 24.12.1941

M2 Spendenappelle zur Sammlung von Winterkleidung

Hitler: „Wenn nun das deutsche Volk seinen Soldaten anlässlich des Weihnachtsfestes ein Geschenk geben will, dann soll es auf all das verzichten, was an wärmsten Kleidungsstücken vorhanden ist und während des Krieges entbehrt werden kann, später aber im Frieden jederzeit ohnehin wieder zu ersetzen ist."
Goebbels fordert im Rundfunk: „Überschuhe, nach Möglichkeit gefüttert oder mit Pelz ausgestattet, warme Wollsachen, Socken, Strümpfe, Westen, Unterjacken oder Pullover und warmes, vor allem wollenes Unterzeug, Unterhemden, Unterhosen, Leibbinden, Brust- und Lungenschützer, jede Art von Kopfschützern, Pulswärmern, Pelze im weitesten Sinne des Wortes, Pelzjacken, und Pelzwesten, Pelzstiefel jeder Art und Größe, Decken, vor allem Woll- und Pelzdecken, dicke warme Handschuhe, hier vor allem pelzgefütterte Lederhandschuhe oder Strickhandschuhe und Wollfäustlinge. Überhaupt alles aus Pelz wird an der Front dringend gebraucht und ist deshalb doppelt willkommen. [...]"

Völkischer Beobachter, 21.12.1941

M3 Aufrufe in der zeitgenössischen Tagespresse

Die Wehrmacht braucht Skier und Skistiefel. Dringender Appell an alle Skiläufer – Auf Antrag Vergütung möglich – Transportsperre für Skier auf allen Verkehrsmitteln. Hast Du schon an die Pelz- und Wollsammlung gedacht?

Völkischer Beobachter, 29./30.12.1941

OSTFRONT – DIE SOWJETISCHE PROPAGANDA, 1942

Fotograf	unbekannt
Titel/Bildlegende	„Hoffnungslosigkeit – Zuversicht. Der eine ist ein blindes Werkzeug in den Händen Hitlers, der andere weiß, wofür er kämpft."
Ort	unbekannt
Zeitpunkt	unbekannt
Veröffentlichung	FRONTnachrichten, Nr. 132, März 1942 (sowjetisches Flugblatt)
Bildbeschreibung	Die Fotografie der FRONTnachrichten (M1) spiegelt die des Illustrierten Beobachters der NS-Propaganda vom Dezember 1941 (vgl. Kapitel: Ostfront – die deutsche Propaganda). Der gut gekleidete und siegesgewiss blickende Rotarmist mit Gewehr und Bajonett blickt nach links (Westen) auf einen deutschen Soldaten ohne Mantel, geeignete Kopfbedeckung und Waffen, der sich die Hände warm reibt. Das feminin wirkende Gesicht des Soldaten zeigt ein Hitlerbärtchen und erinnert von Ferne an Charlie Chaplin.
Historischer Kontext	Während der Schlacht um Moskau ging die Rote Armee vom 5. Dezember 1941 bis zum 7. Januar 1942 in die Gegenoffensive und konnte auf einer etwa 1.000 Kilometer breiten Front bis 250 Kilometer nach Westen vorrücken. Der Winter hatte in dieser Region vier Wochen früher als gewöhnlich eingesetzt. Schon Anfang November 1941 gab es strengen Frost. Ende November 1941 wurden Temperaturen unter minus 37 Grad gemessen.
Deutung	Mit den FRONTnachrichten richtete sich die sowjetische Flugblattpropaganda an die deutschen Soldaten an der Front. Sie sollten diesen die Siegeszuversicht nehmen, ihren Kampfwillen untergraben. Das Flugblatt ruft zur individuellen Kapitulation auf. Doch auch dieses Bild-, Textarrangement (gegensätzliche Aufnahmen; Bildlegenden) ist eine Täuschung, es zeichnet kein angemessenes Bild von der Ausrüstung der Roten Armee (M2). Grundlegende Einsicht: Auch ohne Manipulationen am Bild selbst kann durch ein Bild-, Textarrangement eine propagandistische Botschaft vermittelt werden.
Anregungen für den Unterricht	• *Fotograf* • M1: Analyse und Interpretation (Bildgegenstand, -gestaltung, -botschaft, -legende) bzw. Vergleich (der Fotografien: Kleidung, Gesichtsausdruck, Körperhaltung) und Beurteilung des Flugblattes • M1, M2: Vergleich • Vergleich mit M1 und M2 des Kapitels Ostfront – die deutsche Propaganda • Bildpropaganda im Krieg: Formulierung eines Artikels für ein Schülerlexikon

M1 FRONTnachrichten, März 1942

Gib Dich gefangen! Rufe laut: „Proscháj Moskwá, dalój Gitlera!", das heißt: „Leb wohl Moskau, nieder mit Hitler!"

März 1942. Nr. 132

FRONTnachrichten

Deutsche Soldaten! Die Rote Armee fährt fort, die Heerhaufen der deutschen Okkupanten zu vernichten. Lest die Wahrheit über die Lage an der Front.

DIE ROTE ARMEE SCHLÄGT DIE DEUTSCHEN EINDRINGLINGE

Am 17. März versetzten an der **Nordostfront** Truppenteile der Roten Armee den Überresten der eingekesselten deutschen 16. Armee des Generalobersten v. Busch neue Schläge, besetzten 11 Dörfer und vernichteten an die 1500 deutsche Soldaten und Offiziere.

An der **Mittelfront** erweitern die vorrückenden russischen Truppen ihren Durchbruch der deutschen Verteidigungslinie und schließen den Kreis um die eingekesselten deutschen Truppen im Gebiete der Städte Wjasma und Rshew. Eine Panzerabteilung der Russen nahm ein großes Widerstandszentrum der Deutschen in ihre Feuerzange und **vernichtete das deutsche I. R. 365.**

FRONTnachrichten, Nr. 132, März 1942, sowjetisches Flugblatt (Deutsch-Russisches Museum Berlin-Karlshorst)

M2 Die Ausrüstung der Roten Armee

Auch die Rote Armee hatte Probleme bei der Ausrüstung ihrer Soldaten mit der notwendigen Kleidung. Da die Produktion infolge des Krieges fast stillstand, konnte für den Nachschub kaum gesorgt werden. 1942 hätten, so eine Historikerin, sowjetische Schuhfabrikanten pro Kopf der Bevölkerung nur 0,3 Paar Stiefel hergestellt. Zur schleppenden Produktion kamen zudem die schwerfälligen und mit Fehlern behafteten bürokratischen Abläufe der staatlichen Wirtschaftsplanung. So wurden zum Beispiel 1941 in einem Lager 266 000 Paar „vergessene" Armeehosen gefunden, die durch die unsachgemäße Lagerung unbrauchbar geworden waren. Rückwärtige Armeeeinheiten mussten im Frühjahr über ihre für den Sommer vorgesehene Kleidung die abgelegten wattierten Jacken der Frontsoldaten anziehen.

Autorentext, weiterführende historische Informationen zur Roten Armee siehe: Catherine Merridale: Iwans Krieg. Die Rote Armee 1939-1945, Frankfurt/Main 2006.

DAVID GEGEN GOLIATH, 1953

Fotograf	Wolfgang Albrecht (*1930), Pressefotograf
Titel/Bildlegende	–
Ort	Berlin, Leipziger Platz
Zeitpunkt	17. Juni 1953, gegen 12 Uhr
Veröffentlichung	21. Juni 1953, New York Times; Welt am Sonntag
Bildbeschreibung	Im Hintergrund der Fotografie (M2) begrenzen links die Ruine des Kaufhauses Wertheim (heute Standort des Einkaufszentrums Mall of Berlin) und rechts das Gebäude des heutigen Bundesrats die Szenerie. Auf dessen Dach befanden sich damals Schützen der Kasernierten Volkspolizei. Im Hintergrund befinden sich eine Menschenmenge und eine Postenkette. Vorne am linken Bildrand sind auf dem Gehweg vier (zum Teil verdeckte) Personen zu erkennen. Nicht zu sehen sind die vielen Demonstranten, die sich im Rücken des Fotografen entlang der Demarkationslinie zwischen Ost- und Westsektoren versammelt hatten. Das Zentrum der Aufnahme bilden die beiden Steinewerfer und die beiden Panzer auf dem Leipziger Platz.
Historischer Kontext	Wolfgang Albrecht traf am 17. Juni 1953 gegen 10 Uhr am Potsdamer Platz ein. Er nutzte eine Kleinbildkamera, eine kleine Blende, um eine große Tiefenschärfe zu erreichen, sowie eine Zeiteinstellung von einem Fünfhundertstel. Die zwei russischen Panzern bewegten sich zunächst bis zur weiß markierten Grenze zwischen dem Ostsektor und den Westsektoren Berlins, zogen sich jedoch sofort wieder ein Stück weit zurück in Richtung Wilhelmstraße. Die demonstrierende Menschenmenge drängte nach. Albrecht machte ungefähr 30 Aufnahmen von dieser Situation. Diese zeigen häufig junge Männer, welche die Panzer mit Steinen bewerfen. Vom unmittelbaren Handlungszusammenhang des berühmten Schlüsselbildes existieren drei Aufnahmen.
Deutung	Wolfgang Albrechts Bild ist eine visuelle Verdichtung der Konfrontationen vom 17. Juni 1953. Aufbegehren stand gegen Waffengewalt, Ohnmacht gegen Macht. Der Schauplatz wirkt wie eine Kampfarena, die Situation wie ein Duell. Im Bild dominiert der Kontrast zwischen David (Steinewerfer) und Goliath (Panzer). Eine Parteinahme legt die Kameraperspektive nahe. Der Betrachter sieht wie der Fotograf und die Demonstranten auf die Panzer – diese wiederum zielen auf die Demonstranten, den Fotografen und damit vermeintlich auch auf den Betrachter. Auch die Aufnahme weist zentrale Merkmale auf, wie sie für Medienbilder von Konfrontationen häufig eingesetzt werden: Reduktion, Personalisierung, Dramatisierung, Zeitstruktur, Gebärdefigur, Betrachter im Bild, Synästhesie (vgl. Kapitel 1). Häufig wird die bekannte Aufnahme (M2) in einer Bearbeitung publiziert, welche das zentrale Motiv der beiden Steinewerfer durch eine Ausschnittvergrößerung fokussiert. Damit wird der Eindruck des Dramatischen gesteigert. Albrecht hält dies für zulässig, denn das Original suggeriere eine ruhigere Situation als tatsächlich gegeben. Die Reduktion auf nur einen der beiden Steinewerfer hält Albrecht dagegen für fragwürdig. Grundlegende Einsicht: Bildredakteure wählen für die Publikation Motive eines (möglichst) dramatischen Moments.
Anregungen für den Unterricht	• M2: Analyse als Medienbild (vgl. Kapitel 1) • M2: Effekte der Ausschnittvergrößerungen a) Fokus beide Werfer und Panzer (Bsp. M4) b) Fokus ein Werfer und ein Panzer • Diskussion: Ausschnittvergrößerungen: eine zulässige Technik? • M1, M2, M3: (Auswahl-)Diskussion: Auswahl eines Bildredakteurs?

M1 Steinewerfer am Leipziger Platz 1953 (I)

Fotograf: Wolfgang Albrecht, 1953 (© Pressebild-Verlag Schirner/DHM)

M2 Steinewerfer am Leipziger Platz 1953 (II)

Fotograf: Wolfgang Albrecht, 1953 (© Pressebild-Verlag Schirner/DHM)

M3 Steinewerfer am Leipziger Platz 1953 (III)

Fotograf: Wolfgang Albrecht, 1953 (© Pressebild-Verlag Schirner/DHM)

M4 Briefmarke der Deutschen Bundespost aus Anlass des 50. Jahrestages des Aufstandes vom 17. Juni 1953, 2003

DAS BRANDENBURGER TOR – WEST, 1961

Fotograf	Gert Schütz (1909–1987), Pressefotograf
Titel/Bildlegende	Das Brandenburger Tor 1961 (Ansichtskarte)
Ort	Das Brandenburger Tor aus der Sicht von Berlin (West)
Zeitpunkt	31. Oktober 1961
Veröffentlichung	unbekannt
Bildbeschreibung	Die als Ansichtskarte vertriebene Aufnahme (M1) zeigt das Brandenburger Tor aus der Sicht von Berlin (West). Den Bildvordergrund dominieren Stacheldrahtrollen, welche sich über die gesamte Bildfläche erstrecken. Dahinter sind zwei Uniformierte in Rückenansicht zu sehen, die an der Kopfbedeckung (Tschako) als Angehörige der Polizei aus Berlin (West) zu erkennen sind. Es folgt ein Schild mit der Aufschrift „Achtung! Sie verlassen jetzt West-Berlin" und wiederum davor vor dem Brandenburger Tor ein weiterer Stacheldraht. Ein Vergleich mit einem unveränderten Abzug vom 6x6-Original-Negativ (M2) zeigt, dass das Motiv der Ansichtskarte eine Ausschnittvergrößerung darstellt. Das Original zeigt unten Straßenpflaster und oben freien Himmel, welche in der Ausschnittvergrößerung ausgeblendet sind. Zudem wird die Szenerie dadurch an den Betrachter herangerückt. Durch die Bildbearbeitung, die Nahperspektive und die starke Untersicht überzieht der Stacheldraht nahezu die gesamte Bildfläche und suggeriert zudem, dass er sich im bildexternen Raum ins Unendliche fortsetzt.
Historischer Kontext	Ende Oktober 1961 kam es in Berlin am innerstädtischen Grenzübergang Checkpoint Charlie zu einer Konfrontation von US-amerikanischen und sowjetischen Panzern. Aufgrund des Vier-Mächte-Status der Stadt war es den Westalliierten erlaubt, sich in allen vier Sektoren Berlins frei zu bewegen. Nach unberechtigten Grenzkontrollen von zivilen Angehörigen der US-Alliierten durch die DDR-Organe auf Anweisung Ulbrichts wurden demonstrativ US-Kampfpanzer am Checkpoint Charlie postiert. Auch die britische Schutzmacht platzierte in ihrem Sektor nahe dem Brandenburger Tor bewaffnete Einheiten. Die Situation drohte durch das Auffahren von sowjetischen Panzern zu eskalieren. Nach Verhandlungen zwischen Vertretern der USA und der UdSSR wurde der Konflikt beigelegt.
Deutung	Die Aufnahme von Gert Schütz vom 31. Oktober 1961 entstand im unmittelbaren Kontext der Checkpoint-Charlie-Krise. Die symmetrische Positionierung der beiden Polizisten, deren Rückenansicht und deren Blick nach Berlin (Ost) und die extreme Untersicht (Schütz hat sich offensichtlich auf das Straßenpflaster gelegt, um von unten fotografieren zu können), welche die Höhe des Stacheldrahts höher als die Körpergröße der beiden Polizisten erscheinen lässt, zeigen, wie inszeniert und wohldurchdacht die Komposition ist. Der martialische Eindruck der innerstädtischen Sperranlage wird durch die Ausschnittvergrößerung der Ansichtskarte noch einmal akzentuiert. In der kollektiven Erinnerung weitgehend vergessen ist, dass die DDR *am Brandenburger Tor* nicht am 13./14. August, sondern erst am 10. November 1961 Sperranlagen aus Mauer und Stacheldraht errichten ließ. Dies war die unmittelbare Folge der Checkpoint-Charlie-Krise. Bis dahin wollte man davon absehen, das repräsentativste Bauwerk Berlins mit der Ansicht von Sperranlagen zu belasten und sah am Brandenburger Tor die Einrichtung eines Grenzübergangs vor. Grundlegende Einsicht: Durch Motivwahl, Perspektive wie Bildausschnitte können Wertungen erzeugt werden.
Anregungen für den Unterricht	• M1, M2: Bildvergleich/Analyse (Kompositionen und die Wirkung von Ausschnittvergrößerungen; Perspektive des Fotografen) • M1: *Bildlegende I* • Diskussion: Ausschnittvergrößerungen: eine zulässige Technik?

M1 Das Brandenburger Tor 1961 (Ausschnitt)

M2 Das Brandenburger Tor 1961 (unveränderter Abzug)

Fotograf: Gert Schütz, 1961 (Landesarchiv Berlin, F Rep. 290, 78130)

Welche der genannten Bildlegenden erscheint als die plausibelste? Begründe.

a) „Grenzsoldaten am Brandenburger Tor sollen die Republikflucht ostdeutscher Bürger verhindern." (www.bundesregierung.de)

b) „13.8.1961: Die Stacheldrahtrollen wurden nicht von DDR-Grenzern ausgelegt, sondern von West-Berliner Polizisten, um die Bevölkerung von Demonstrationen am Brandenburger Tor abzuhalten." (Berliner Morgenpost, 10.6.2008)

c) „Zwei West-Berliner Polizisten schützen die Mauer vor dem Brandenburger Tor mit Stacheldraht gegen empörte West-Berliner. Die Stasi überwachte die West-Berliner Polizei intensiv, ohne jedoch in die innere Führung vordringen zu können." (Die Welt Online, 29.7.2011)

d) „Berlin, Brandenburger Tor am 31.10.1961; auf Veranlassung der britischen Alliierten wurde eine doppelte Sperre aus Stacheldrahtrollen errichtet." (Landesarchiv Berlin)

DAS BRANDENBURGER TOR – OST, 1976

Fotograf **Titel/Bildlegende**	Günter Ganßauge (Kommandeur der Informationszentrale der DDR-Grenztruppen am Brandenburger Tor) –
Ort **Zeitpunkt** **Veröffentlichung**	Brandenburger Tor, Berlin (Ost) unbekannt 1976 (Bildpostkarte)
Bildbeschreibung	Die Farbfotografie zeigt im Bildhintergrund das beflaggte Brandenburger Tor aus östlicher Perspektive mit dem Blick nach Westen. Dahinter ist nur die Bepflanzung des (West-)Berliner Tiergartens zu sehen, die Grenzbefestigungen sind aber nicht zu sehen. Im Bildvordergrund patrouillieren zwei uniformierte Angehörige der DDR-Grenzsoldaten mit geschultertem Gewehr auf einem gepflasterten Gehweg nach links. Zwischen den Grenztruppen und dem Brandenburger Tor ist links eine Rasenfläche und rechts mehrere eingefasste Blumenrabatten zu sehen.
Historischer Kontext	Der Vier-Mächte-Status Berlins wurde von der SED ignoriert und Berlin (Ost) als Hauptstadt der DDR deklariert und Berlin (West) als „selbständige politische Einheit Westberlin".
Deutung	Mit der Formel vom „antifaschistischen Schutzwall" versuchte die SED den Widerspruch aufzulösen, eine Grenze, die zudem gegen die eigene Bevölkerung gerichtet war, als Ausdruck einer Politik der Friedenssicherung zu propagieren. Die visuellen Repräsentationen der Mauer und des Brandenburger Tors durch die SED-Diktatur verfolgen im Prinzip zwei Strategien. Diese versuchten erstens, durch eine Bildkontrolle die Deutungshoheit über die Grenze zu sichern. Die Grenzanlagen werden durch das Verbot, sie zu fotografieren, dem medialen Blick weitgehend entzogen. Das medienstrategische Problem im Fall des Brandenburger Tors lag darin, dass das Bauwerk ein national wie international populärer Repräsentationsbau war. Aber zugleich stand dieser auch inmitten der militärischen Sperranlage, die Ost- von Westberlin trennte. Auf die Visualisierung des einen konnte nicht verzichtet werden, die Visualisierung des anderen sollte deren Brutalität und Aggressivität verschleiern. Die Ambivalenz, zugleich touristischer wie politisch-militärischer Raum zu sein, wird auf DDR-Bildpostkarten zweitens durch eine visuelle Doppelstrategie umgesetzt. So erscheinen die Angehörigen der Grenztruppen in einer Aufnahme von Günter Ganßauge als nahezu beiläufig ins Bild geratene Accessoires des Ortes. Die unmilitärische Körperhaltung und Gangart lassen sie nahezu wie Parkwächter erscheinen, die an Blumenrabatten entlang spazieren. Nur die Uniform und der geschulterte Karabiner verweisen auf den staatlichen Auftrag wie die militärische Sicherungsfunktion. Die unüberwindlichen Sperranlagen werden durch die Grenzer zwar angedeutet, bleiben jedoch vollkommen ausgeblendet. Grundlegende Einsicht: Fotografien erhalten ihre Bedeutung nicht allein aus dem, was sie zeigen, sondern auch aus dem, was sie nicht zeigen. Der Fotograf interpretiert das Gezeigte auch durch die Gestaltung der Aufnahme.
Anregungen für den Unterricht	• M1, M2: Vergleich: Unterschiede, Gemeinsamkeiten (Motive, Gestaltung) • Diskussion der Frage: Können Fotografien lügen?

M1 Das Brandenburger Tor – Perspektive Ostberlins

Fotograf: Günter Ganßauge (Archiv Hamann)

M2 Das Brandenburger Tor (Ausschnitt) – Perspektive Westberlins

Fotograf: Gert Schütz, 1961 (Landesarchiv Berlin, F Rep. 290, 78130)

7. METHODEN DES HISTORISCHEN LERNENS MIT FOTOGRAFIEN

Die Sammlung präsentiert siebzig Methoden zur Wahrnehmung, Beschreibung, Analyse, Interpretation und Beurteilung von Fotografien. Eine domänenspezifische Methodik für das historische Lernen mit Bildern existiert bislang nicht, es wurden auch deswegen Methoden der Kunstdidaktik aufgegriffen, um im Sinne eines inklusiven Unterrichts nicht allein nur analytische Zugänge vorzustellen.

Das jeweilige methodische Vorgehen dient dem Aufbau historischer Bildkompetenz. Etliche der handlungsorientierten wie kreativen Vorschläge haben in dieser Hinsicht eine dienende Funktion. Mit ihnen kann z. B. die Bildwahrnehmung als notwendige Voraussetzung der Bildinterpretation geschärft werden. Oder sie sensibilisieren dafür, dass bei der Bildwahrnehmung auch Gefühle eine Rolle spielen können wie z. B. Faszination, Abwehr, Schauder ...

Grundlegend für den interpretierenden Umgang mit Quellen zum Aufbau einer historischen Bildkompetenz sind die Fragen: Wie können wir Fotografien für eine Interpretation der Vergangenheit nutzen? Das heißt: Wie lässt sich die Perspektivität des Abgebildeten erkennen? In welche Geschichte kann die Fotografie erzählend eingebaut werden? Mit dem Fokus auf die Geschichtskultur kann gefragt werden: In welchen unterschiedlichen medialen Kontexten wird die Fotografie genutzt? Warum wird sie vielfach verwendet? Welche symbolische Bedeutung wird mit ihr verbunden?

Adjektivliste

Die Lernenden erhalten eine Liste von Adjektiven und müssen aus dieser Liste diejenigen auswählen, die ihrer Meinung nach am besten auf das Bild zutreffen. Die Bildwahrnehmung bzw. die Wahrnehmung der Wirkung eines Bildes wird geschärft.

Variante: Zwei (in Inhalt, Form oder Ausdruck) gegensätzlichen Bildern werden die zutreffenden Adjektive aus einer Liste zugeordnet.

Alterität

Lernende beschreiben Bilder und insbesondere Fotografien in der Regel auf der Grundlage ihres Alltagswissens. Sie nehmen oft nicht bzw. nur vage wahr, dass es sich nicht um eine Abbildung aus der Gegenwart, sondern um eine aus der Vergangenheit handelt. Um die historische Wahrnehmung zu schärfen, wird gefragt, was auf der Fotografie anders als (bzw. genauso wie) heute ist.

Assoziationen

Lernende verfügen oftmals über Vorwissen zu einem historischen Sachverhalt oder haben zumindest lebensweltlich geprägte Vorstellungen dazu. Diese stehen nicht selten im Widerspruch zu wissenschaftlichen Aussagen zum Gegenstand und sind ihrerseits sehr wirkungsmächtig. Lernenden müssen die eigenen Vorstellungen deutlich gemacht und mit denen der Wissenschaft verglichen werden. Noch vor der Arbeit an einem konkreten Foto und ohne Kenntnis des Bildes werden die Lernenden aufgefordert, Assoziationen zum Thema/Motiv des Bildes zu äußern. Diese können durchaus auch plausibel sein. Am Ende der Interpretation des Bildes werden diese mit jener verglichen und hinterfragt.

Beschriftung

Die Lernenden erhalten eine Kopie des Bildes auf einem Blatt, das größer als diese ist. Von wichtigen Bilddetails werden Striche an den Rand gezogen. Die Lernenden beschriften das Bild.

Bildausschnitt

Verschiedene Gruppen der Lernenden erhalten verschiedene Bildausschnitte und interpretieren diese ohne Kenntnis des vollständigen Originals. Im Plenum werden die Deutungen diskutiert und schließlich mit dem Original abgeglichen.

Bildbeschnitt

Die Lernenden erhalten Kopien des identischen Bildes in einer Vergrößerung. Weitere Angaben zu dem Bild (Bildlegende, Autorin/Autor, Ort, Zeitpunkt der Entstehung, Thema) werden nicht gegeben. Die Lernenden beschneiden das Bild, sodass ein Bildausschnitt entsteht. Dieser sollte jeweils so gestaltet sein, dass er als eigenständiges Bild wahrgenommen werden könnte. Die Möglichkeit wird erkennbar, wie das Bild durch Ausschnitte in seiner „Aussage" und Wirkung verändert werden kann.

Bildbeschreibung (ohne Bild)

Den Lernenden wird eine Beschreibung eines (nicht allzu komplexen) Bildes vorgelesen. Sie werden aufgefordert, das Beschriebene zu zeichnen. Die Ergebnisse werden verglichen. Es wird der Frage nachgegangen, warum die (jenseits des individuellen Zeichenvermögens) Ergebnisse so unterschiedlich ausfallen. Diskussion: Ein Bild sagt mehr als 1.000 Worte?

Bilddiktat

Die Lernenden formulieren schriftlich eine Beschreibung eines Bildes, welches vergrößert an die Wand projiziert wird (Beamer, Overhead). Die Schülerin oder der Schüler, der außerhalb des Klassenraumes gewartet hat und das Bild nicht kennt, wird mit dem Rücken zur Bildwand gesetzt. Die Projektion ist ausgeschaltet, die Bildbeschreibungen werden vorgelesen. Schließlich wird dem Lernenden das Bild gezeigt; er kann beurteilen, ob und warum die Bildbeschreibung gelungen ist.

Bildergeschichte

Zu einer (geringen) Anzahl von Bildern wird eine Geschichte formuliert, die die Bilder in einen plausiblen narrativen Zusammenhang setzt. Über die Unterschiede der verschiedenen Entwürfe einer Bildgeschichte kann die Einsicht vermittelt werden, dass es nicht Bilder sind, die erzählen, sondern dass die Nutzerin oder der Nutzer solche narrativen Zusammenhänge erst herstellt.

Bilder im Kopf

Den Lernenden wird ein Experiment angekündigt. Ist es möglich, ein Bild auch mit geschlossenen Augen zu sehen? Die Lernenden werden dann aufgefordert, die Augen zu schließen. Genannt werden zwei, drei Bildlegenden von Symbolbildern, die sehr bekannt sind (und die die Lernenden möglichst auch kennen sollten). (Beispiel: Ein alter Mann mit grauen Haaren streckt die Zunge heraus; Menschen stehen auf der Mauer am Brandenburger Tor o. Ä.) Nach der Abfrage, ob sie die Bilder „gesehen" haben, wird über die Frage diskutiert, warum und welche Bilder bekannt sind.

Bildersuche

Die Lernenden erhalten eine schriftliche Beschreibung einer Abbildung. Ihre Aufgabe ist es, diese in ihrem Schulbuch (in einem begrenzten Kapitel, in einem größeren Abschnitt) zu finden. Sie müssen begründen, warum gerade dieses Bild zu der Beschreibung passt. Der Schwierigkeitsgrad kann durch die Art der Bildbeschreibung gesteuert werden (Konkretion – Abstraktion). Ziel ist es, die Bildwahrnehmung der Lernenden zu stärken.

Varianten:

1. Statt der schriftlichen erfolgt eine mündliche Beschreibung.
2. Genannt wird allein eine Bildlegende.

Bildkartei

Aus einer Sammlung von Bildern zu einem Thema wird ein Bild nach persönlichen Vorlieben ausgewählt und die Wahl begründet. Ein individueller Zugang zu dem Thema wird geschaffen. Das Bild kann Ausgangspunkt sein für die Weiterarbeit mit der Partnerin oder dem Partner oder in einer Gruppe (ggf. mit anderen, die dasselbe Bild gewählt haben).

Bildlegende I (Auswahl)

Die Lernenden bekommen zu einem Bild mehrere Bildlegenden präsentiert. Nur eine davon ist die zutreffende. Sie entscheiden in einem Diskussionsprozess, welche die plausibelste ist. Der Schwierigkeitsgrad dieser Aufgabe kann über die Formulierung (Plausibilität, Trennschärfe) der Legenden reguliert werden. Die Bildwahrnehmung der Lernenden wird geschärft.

Bildlegende II (Fälschung)

Die Lernenden erhalten das Bild mit einer gefälschten Bildlegende. Diese kann zur Provokation von Aussagen und zum Anreiz der genauen Bildbetrachtung dienen. Die Lernenden erhalten den Auftrag, nicht zutreffende, jedoch plausible Legenden selbst zu erfinden. Die Wahrnehmung kann geschärft werden, dass eine Verfälschung der Bildaussage auch durch die Bildunterschrift erfolgen kann.

Bildlegende III (eigene Legende)

Die Lernenden erhalten ein Bild ohne Zusatzinformationen. Sie werden aufgefordert, zu einem Bild selbst eine Bildlegende zu formulieren. Sie sind dadurch aufgefordert, sich anhaltend, sorgfältig und aufmerksam mit dem Bild zu befassen. Im Vergleich der verschiedenen Entwürfe kann der plausibelste ermittelt werden. Es kann bei einem Foto deutlich werden, wie wenig von dem Foto selbst auf den tatsächlichen historischen Kontext geschlossen werden kann. Dadurch kann die Einsicht gewonnen werden, dass Fälschungen von Bildaussagen auch durch Bildlegenden hergestellt werden können. Abschließend erhalten die Lernenden die zutreffende Bildunterschrift.

Bildlegende IV (Zuordnung)

Die Lernenden erhalten mehrere Bilder und (von diesen getrennt) mehrere Bildlegenden. Sie müssen Bilder und Legenden zutreffend zuordnen.

Bildreihen

Mehrere Bilder, die das gleiche Motiv in unterschiedlichen Zeiten zeigen, werden von den Lernenden in eine chronologische Reihung gebracht (z. B. Attentat 1914; das Brandenburger Tor im 18., 19., 20. Jahrhundert und heute). Durch den Vergleich wird die Wahrnehmung (des historisch Identischen, des historisch Unterschiedlichen) geschärft, die Fähigkeit zur Bildanalyse gefördert und zugleich Temporalbewusstsein gestärkt.

Bildvergleich

Zwei Bilder zu einem identischen Sachverhalt werden verglichen (Bildgestaltung, Bildinhalt), die Unterschiede ermittelt und die Frage nach der Perspektive der Bildautorin oder des Bildautors erörtert.

Insbesondere kanonisierte Bilder („Ikonen", Schlüsselbilder, Schlagbilder) werden in verschiedenen Kontexten wie z. B. in der Kunst, in der Werbung, dem Journalismus etc. immer wieder zitiert. Dies mit unterschiedlichen Absichten (Unterhaltung, Kritik, Manipulation, Werbung). Die Analyse des Gebrauchs dieser historischen „Vor-Bilder" durch zitierende „Nach-Bilder" kann deren Funktion im kollektiven Gedächtnis deutlich machen (Beispiele: Eugène Delacroix, „Die Freiheit führt das Volk" 1830; Joe Rosenthal, „Flaggenhissung auf Iwo Jima" 1945; Wolfgang Albrecht, „Volksaufstand in der DDR" 1953; Peter Leibing, „Flucht von Conrad Schumann" 1961 etc.).

Brief

An die Bildautorin oder den Bildautor oder eine im Bild dargestellte Person wird ein Brief geschrieben. Die Perspektivität der Darstellung der Bildautorin oder des Bildautors kann hinterfragt, die dargestellte Person befragt etc. werden.

Chinesisches Körbchen

Den Lernenden wird in einem Korb eine Sammlung von Gegenständen geboten. Diese sollten einen Bezug zum Bild haben. Jeder Lernende wählt einen Gegenstand und erhält den Auftrag, den Gegenstand auf das Bild zu beziehen. Die Bildwahrnehmung der Lernenden wird geschärft. Die Lernenden haben die Möglichkeit, einen individuellen Zugang zum Bild zu finden.

Cluster

Zu einem Bild werden im Plenum Begriffe gesammelt, die den Lernenden zu dem Bild assoziativ einfallen. Diese werden aufgeschrieben und um das Bild gruppiert, im Plenum werden diese verglichen und diskutiert. In einer zweiten Runde können diese Begriffe durch weitere Begriffe ergänzt, differenziert, negiert etc. werden. Diese neuen Begriffe werden an die zuerst Genannten angefügt (Traubenform). Diese Methode kann aufzeigen, dass unterschiedliche Betrachter Unterschiedliches wahrnehmen/empfinden.

Collage I (historisches Ereignis)

Es werden Bilder zu einem singulären historischen Sachverhalt/Ereignis gesammelt (zum Beispiel: Opposition und Repression in der DDR, die Friedliche Revolution, der Fall der Berliner Mauer). Es wird analysiert und erörtert, mit welchen Bildmotiven der historische Sachverhalt oder das historische Ereignis visualisiert wird. Es kann auch untersucht werden, welche Motive aus welchen Bereichen nicht visualisiert werden und damit aus dem kollektiven Gedächtnis ggf. verschwinden.

Collage II (historischer Längsschnitt)

Es werden Bilder zu einem gleichen/ähnlichen thematischen Sachverhalt (Geschlechterverhältnisse, Arbeit, Krieg, Bildung und Erziehung) aus verschiedenen historischen Zeiten gesammelt. Dieses Verfahren ist besonders geeignet bei der Erarbeitung von Längsschnitten. Es kann auch untersucht werden, welche Motive aus welchen Bereichen nicht visualisiert wurden und der Gegenwart damit visuell nicht präsent sind.

Collage III (historischer Vergleich: früher – heute)

Es werden Bilder zu einem historischen Sachverhalt gesammelt. Diese Bilder werden ergänzt durch solche aus der Gegenwart. Im Vergleich können Unterschiede, Entwicklungen oder aber auch Ähnlichkeiten und Übereinstimmungen erörtert werden.

Collage IV (historischer Querschnitt)

Es werden Bilder (auf Packpapier kleben) zu einer historischen Zeit/Epoche gesammelt und auf Papier geklebt (Beispiele: die Welt um 1500, 1900, 1989/90). Es entsteht ein Bildpanorama. Zwischen den einzelnen Bildern werden durch Pfeile bzw. Striche (Kausal-, Temporal-)Beziehungen visualisiert. Es kann auch untersucht werden, welche Motive aus welchen Bereichen nicht visualisiert wurden und der Gegenwart damit visuell nicht präsent sind.

Denk-, Sprechblasen

Die Lernenden erhalten das Bild in einer Kopie auf einem Blatt, das größer als diese ist. Die Lernenden fügen in Sprech-, Denkblasen eigene Texte ein (Beispiele: „Der Denker-Club" ca. 1819 Adolph von Menzel, „Das Eisenwalzwerk" 1872–1875; Robert Koehler, „Der Streik" 1886, Menschen auf der Berliner Mauer 1989).

Dialog I (Vergangenheit)

Die Lernenden entwerfen einen Dialog zweier Personen, die im Bild dargestellt sind (Beispiele: die Bauern in Johannes Lichtenbergers „Dreiständebild" von 1488; Unternehmer und Arbeiter in Robert Koehlers „Der Streik" von 1886).

Dialog II (Vergangenheit – Gegenwart)

Zwei Personen (aus zwei Abbildungen) aus verschiedenen Zeiten führen einen Dialog (Beispiel: eine Frau aus dem 19. Jahrhundert und eine Frau heute).

Dialog III (hier und dort)

Zwei verschiedene in unterschiedlichen Bildern dargestellte Personen aus verschiedenen Orten bzw. Kontinenten führen einen Dialog (Beispiele: über ihr Leben, ihre Zukunftshoffnungen ...).

Écriture automatique

Bei diesem „automatischen" Schreiben über das Bild werden Sätze, Satzfragmente, Wörter notiert, die der Betrachterin oder dem Betrachter unmittelbar einfallen. Das Geschriebene unterliegt keiner Kontrolle. Alles das, was gedacht wird, wird notiert. Wenn der Gedankenfluss stockt, können die letzten Worte wiederholt werden, bis ein neuer Einfall kommt. Durch diesen „unkontrollierten", nicht disziplinierten Zugang werden die Lernenden in die Lage versetzt, das Gesehene mit ihrer individuellen „mental map" zu verbinden. So wird das Bild anschlussfähig für das individuelle Lernen. Weiterverarbeitung: Immer wiederkehrende oder Ähnliches meinende Worte können unterstrichen werden (5–10 Worte). Daraus wird ein kurzer Text verfasst.

Erweiterungen

Das Bild zeigt nur einen Ausschnitt einer historischen Situation. Um dies zu verdeutlichen, werden die Lernenden aufgefordert, zu zeichnen/anzugeben, was sich links und rechts, ober- und unterhalb des Sichtbaren befindet/befinden könnte.

Erzählung

Die durch ein einzelnes Bild dargestellte Situation wird eingebettet in eine Bildgeschichte, die das Vorher und das Nachher des im Bild Dargestellten entwickelt (schriftlich oder mündlich). Es wird geprüft, inwieweit das Bild Anhaltspunkte für die Plausibilität der entworfenen Bildgeschichte gibt.

Experten-Palaver

Es werden verschiedene Aufträge an Expertinnen und Experten in einer Lerngruppe verteilt. Die erste Expertin oder der erste Experte äußert sich nur darüber, wie das Bild auf sie oder ihn wirkt, die/der nächste, welche Gegenstände zu sehen sind, die/der folgende, wie das Bild komponiert ist etc.

Fälschung I

Die Lernenden erhalten ein Bild mit historischen Fehlern und müssen diese suchen. Durch die gezielte Platzierung von historisch Falschem kann historisches Temporalbewusstsein gefördert werden.

Fälschung II

Die Lernenden erhalten eine Bildbeschreibung, die Fehler enthält. Durch den Vergleich der Beschreibung mit dem Bild und die Fehlersuche wird die Bildwahrnehmung geschärft. Durch die gezielte Platzierung von historisch Falschem kann historisches Temporalbewusstsein gefördert werden. Variante: Der Text zum Bild hat nicht nur beschreibende, sondern auch interpretierende Passagen. Diese werden auf ihre Plausibilität geprüft.

Fokussierung

Präsentiert wird zunächst ein Bildausschnitt, indem das ganze Bild zum großen Teil abgedeckt wird. So kann die Konzentration der Lernenden auf den Bildausschnitt gelenkt werden. Zugleich kann von den Schülerinnen und Schülern argumentativ vom Bildausschnitt auf das gesamte Bild geschlossen werden (Schärfung der Bildwahrnehmung, Analyse der Komposition).

Fotoalbum

Die Lernenden werden aufgefordert von einem/von ihrem eigenen Fotoalbum zu berichten. Geeignet ist vor allem ein (familien-)biografisches Album. Es wird erörtert, welche Bilder dort Aufnahme finden und welche nicht. Die Gründe dieser Dokumentationspraxis werden erörtert. Die Lernenden versetzen sich in die Rolle einer Historikerin oder eines Historikers in 100 Jahren: Was erfährt die Forscherin oder der Forscher durch solch ein Album, was bleibt der Nachwelt verborgen? Die Überlieferung durch visuelle Quellen wird hinterfragt.

Fotograf

Die Lernenden werden gefragt, wer mutmaßlich die Fotografie aufgenommen hat. War es ein Knipser, eine professionelle Fotografin/ein professioneller Fotograf, jemand mit einer parteilichen Haltung, jemand, der Propaganda betreibt, jemand mit einem konspirativen Auftrag ...? Von der Frage nach dem Fotografen ausgehend wird die Aufnahme analysiert und anhand von Bildmerkmalen werden Mutmaßungen über den Fotografen und seine Absicht (oder seinen Auftrag) angestellt. Die Lernenden setzen sich auf die Art und Weise fokussiert mit der Aufnahme und ihren Merkmalen auseinander. Ein schematisches Beschreiben wird vermieden.

Variante: Statt der allgemeinen Frage werden mehrere Thesen über den Fotografen und seine Absicht oder seinen Auftrag zur Diskussion gestellt. Die Lernenden prüfen anhand der Fotografie, welche These zutreffend sein könnte.

Fotokartei

Die Lernenden werden aufgefordert, Bilder aus einem Fotoalbum von Verwandten und Bekannten mitzubringen. Die Auswahl sollte nach einem thematischen Schwerpunkt erfolgen (Beispiele: Alltag in den 1950ern, 1960ern ...; besondere Ereignisse etc.). Kopien der Fotografien werden auf Karteikarten geklebt. Auf diesen werden von denjenigen, die die Aufnahme mitgebracht haben, Angaben zum Foto gemacht: z. B. Fundort, Aufnahmedatum, -ort, -anlass, abgebildete Personen (Beruf, Schicht ...) und Situationen (Hochzeit, Urlaub ...) und Fotografin/Fotograf. Die Lernenden werden aufgefordert, sich aus a) dem so geschaffenen Quellenkorpus Bilder auszusuchen und sich b) aus der vorliegenden Methodensammlung zwei unterschiedliche Methoden auszusuchen, mit denen sie die Bilder analysieren wollen.

Fünf-Sinne-Check

Das Bild wird als ein Appell an die fünf Sinne verstanden. Die Lernenden werden aufgefordert, Antworten auf folgende Fragen zu geben: Was sieht man? Was könnte man hören? Was könnte man schmecken, riechen, fühlen? Hierdurch wird zunächst die Wahrnehmung geschärft, dass das Bild als solches allein den visuellen Sinn anspricht. Darüber hinaus kann auch erarbeitet werden, dass es Bilder gibt, die durch ihre ikonischen Mittel auch andere als visuelle Sinneswahrnehmungen evozieren, so z. B. das Gemälde „Das Eisenwalzwerk" von Adolph von Menzel („Hitze", „Lärm" ...).

Gallery Walk

Im Raum werden themenverwandte Bilder platziert. Diese sind auf Packpapier aufgeklebt. Die Lernenden teilen sich in so viele Gruppen auf, wie es Bilder gibt, und betrachten (ähnlich wie in einer Bildergalerie) in einzelnen Gruppen die Bilder, ohne zu sprechen. Sie notieren auf dem Packpapier Kommentare, Beobachtungen, Assoziationen etc. Alle Bilder werden reihum von allen Gruppen betrachtet und beschriftet. Im Plenum werden die Kommentare gemeinsam verglichen, erörtert, zusammengefasst etc.

Gegenbild

Die Lernenden suchen sich eine im Bild dargestellte Person aus und lassen diese die dargestellte Situation aus ihrer räumlichen Perspektive beschreiben. Die Erkenntnis wird gefördert, dass einem Bild immer die Wahl eines Ausschnitts und einer bestimmten Perspektive zugrunde liegt. Es kann die Frage aufgeworfen werden, was sich jenseits der „Bildgrenzen" befindet bzw. von wo aus die Bildautorin oder der Bildautor sein Bild entworfen bzw. fotografiert hat.

Gruppenkommentare (Variante zum Gallery Walk)

Variante 1

Phase 1: Die Lernenden bilden Kleingruppen mit etwa vier Personen. Allen in der Kleingruppe wird ein Bild präsentiert. Die Lernenden notieren individuell auf einem Blatt ihre Eindrücke, Beobachtungen, Ideen etc. Nach einer gewissen Zeit reichen sie ihre Notizen an den Nachbarn weiter. Dieser liest die Notizen und kommentiert bzw. ergänzt sie. Dasselbe erfolgt, bis jeder das Blatt mit seiner ersten Eintragung wieder in Händen hält.

Phase 2: Jedes Mitglied in der Kleingruppe liest die Bemerkungen der anderen. Die Lernenden tauschen sich über ihre übereinstimmenden und ihre unterschiedlichen Wahrnehmungen aus und suchen Begründungen dafür. Sie einigen sich darüber, was zweifelsfrei/mit Sicherheit über das Bild gesagt werden kann, notieren dies als ein gemeinsames Ergebnis und suchen Begründungen für die individuellen Wahrnehmungen. Im Plenum werden die Ergebnisse verglichen und kommentiert (auch als Placemat/Platzdeckchen-Variante möglich).

Variante 2

Sechs Lernende teilen eine leere Seite in drei Spalten und überschreiben diese mit den Überschriften „Frage", „Aussage" und „Stellungnahme". Jedes Gruppenmitglied füllt die Spalte aus und reicht sein Arbeitsblatt weiter. Der Nachbar ergänzt und kommentiert. Die Arbeitsbögen gehen reihum, am Ende folgt ein Auswertungsgespräch und ggf. eine Präsentation.

Ich sehe was, was du nicht siehst

Die Methode des bekannten Kinderspiels wird auf den Schritt der Bildbeschreibung angewendet. Schülerinnen oder Schüler fragen, andere Schülerinnen oder Schüler antworten. Wer die meisten richtigen Antworten gefunden hat, der hat gewonnen.

Innerer Monolog

Aus der Ich-Perspektive einer der dargestellten Personen werden die (mutmaßlichen) Gefühle und Gedanken dieser Person niedergeschrieben. Es folgen ein Vergleich und eine Auswertung der Monologe.

Interview I

Die im Bild dargestellten Personen sollen befragt werden. Die Fragen werden im Plenum gesammelt und geordnet. Im weiteren Unterricht wird versucht, diese Fragen anstelle der dargestellten Person zu beantworten.

Interview II (Fotograf und Betrachter)

Der Bildrezipient befragt die Bildautorin oder den Bildautor über das Wo, Wann, Warum und Wie der Fotografie. Die Herausforderung liegt darin, bei den Antworten immer einen Bezug zum Bild herzustellen. Ziel kann es einerseits sein, das Abgebildete genau zu erfassen, oder andererseits das Bild als das Ergebnis absichtsvollen Handelns und damit als gestaltetes Bild zu verstehen. Der Vergleich der Interviews erkennt und prüft vergleichend die Plausibilität der Antworten.

Kon-Text

Zu dem Bild wird ein Text verfasst. Ein Brief, eine Rezension, ein Gespräch: Bildautorin/Bildautor, Bildredakteurin/Bildredakteur, Ausstellungsmacherin/ Ausstellungsmacher ...

Kontrast

Es werden verschiedene Bilder zu demselben Sachverhalt bzw. zu kontrastierenden Motiven vergleichend analysiert (z. B.: arm – reich; weiblich – männlich; europäisch – außereuropäisch; oder: dasselbe Motiv in verschiedenen visuellen Techniken: als Zeichnung; als Foto ...).

Lobrede (Laudatio)

Nach einer Erarbeitung des Hintergrundwissens Verfassen einer Lobrede für eine der im Bild dargestellten Personen; Vergleich und Prüfung der Lobreden (Fakten, Plausibilität ...).

Lückentext

Eine Bildbeschreibung wird mit Lückentext vorgegeben. In die Lücken werden von den Lernenden einzelne Wörter wie Adjektive, Verben, Nomen oder beschreibende, wertende Textpassagen eigener Wahl (Variante: aus einem Korpus von vorgegebenen Wörtern) eingefügt. Das Füllen der Lücken zwingt zum genauen Betrachten des Bildes, um eine möglichst plausible Fassung zu ermitteln.

Nachruf

Nach einer Erarbeitung des Hintergrundwissens Verfassen eines Nachrufes für eine der im Bild dargestellten Personen; Vergleich und Prüfung der Nachrufe (Fakten, Plausibilität ...).

Placemat

Variante zu „Gruppenkommentare" (s. o.): Dasselbe Verfahren mit Placemat/Platzdeckchen (ein großformatiges Papier mit vier Außenfeldern und einem gemeinsamen Feld in der Mitte).

Postkarte

Das Bild wird als Vorderseite einer Ansichtskarte verwendet. Die Rückseite wird im Sinne einer Postkarte genutzt, auf der die Lernenden das Bild erklären, kommentieren etc.

Prospekt

Der Stadtrat beschließt, ein Faltblatt/einen Prospekt mit vielen Bildern über die eigene Stadt anfertigen zu lassen. Leitfrage: Was hat unsere Stadt zu bieten? Als Themen können behandelt werden (unter Umständen arbeitsteilig): Leben und Wohnen, Arbeiten, Menschen in der Stadt, Aussehen und Aufbau einer mittelalterlichen Stadt, einer Industriestadt. Die Lernenden entwerfen (arbeitsteilig) Prospekte.

Puzzle

Die Lernenden erhalten Puzzlestücke der Kopie eines Bildes und sollen diese wieder zusammensetzen.

Quelle und Bild

Eine Textquelle und eine Bildquelle werden verglichen und die Unterschiede, Abweichungen, Gemeinsamkeiten erarbeitet. So kann z. B. eine Textquelle vergrößert auf Packpapier geklebt werden, die Bilder werden um die Quelle platziert, Verbindungen durch Striche markiert (vice versa).

Reportage

Die Lernenden werden aufgefordert, sich in die Rolle einer Reporterin oder eines Reporters zu begeben und über die im Bild dargestellte Situation im Stil einer (Live-)Reportage zu berichten.

Satzanfänge beenden

Den Lernenden werden verschiedene Satzanfänge zu einer Fotografie präsentiert. Sie beenden diese. Der Satzanfang orientiert sich an dem Bildmotiv. Sie können z. B. lauten: Ich nehme an, dass ...; Ich befürchte, dass ...; Ich hoffe, dass ...; Ich frage mich, ob ... Die Lernenden beziehen sich bei ihren Antworten auf ihre individuellen Wahrnehmungen. Die Wahrnehmungen der Lernenden können unterschiedlich ausfallen, sich einander ergänzen und führen im besten Falle zu detailreichen Beschreibungen und geben Anlass zu Diskussionen.

Satzketten

Die Lernenden formulieren jeweils einen Satz zum Bild. So wird ein gemeinsamer Text zu dem Bild verfasst. Alle Lernenden werden veranlasst sich zu äußern.

Satzsteg

Zwischen zwei Bilder wird ein aus Schreibblättern bestehender „Steg" gelegt. Auf diesen Blättern wird jeweils ein Satz notiert, der die beiden Bilder (in einem Aspekt) miteinander vergleicht. Es schreibt immer nur diejenige oder derjenige, der einen Satz oder Vergleich formulieren kann. Variante: Das erste Wort des anschließenden Satzes ist identisch mit dem letzten Wort des vorhergehenden Satzes.

Schreibgespräch

Zu einem Bild wird jeweils ein Satz formuliert, dieser wird weitergereicht und von dem nächsten Lernenden ergänzt; am Ende werden die Anmerkungen und Kommentare verglichen. Die Individualität der Bildwahrnehmung wird hierdurch transparent. Differierende Wahrnehmungen geben Anlass zur Analyse und Interpretation des Bildes.

6-3-5-Methode

Sechs Teilnehmer erhalten jeweils ein Blatt mit sechs Zeilen, auf dem sie drei Ideen notieren und die Blätter dann fünfmal weiterreichen. Die Ideen werden in drei Spalten eingetragen, und zwar mit den Überschriften „Frage", „Aussage", „Stellungnahme". Jedes Gruppenmitglied schreibt einen Satz/ein Wort in die jeweilige Spalte und reicht das Blatt an den Nachbarn weiter. Am Ende liegen maximal 108 Fragen, Aussagen, Stellungnahmen zum Foto vor.

Standbild

Eine Bilddarstellung wird nachgestellt. Dadurch kann auch ein affektiver Zugang (Gefühle, Erfahrungen thematisieren lassen) zum Bild gestärkt werden. Eine historische Situation kann so „zum Leben" erweckt werden. Aufgrund der Erfahrungen beim Nachstellen kann erörtert werden, ob das historische Vorbild selbst „gestellt" worden war oder eine (vermeintlich) authentische Situation zeigt.

Thesen

Es werden Thesen zum Bild präsentiert, die eine Interpretation geben. Es muss entschieden werden, welche These zutreffend ist oder sein könnte.

Umrisse

Die Lernenden erhalten eine Kopie des Bildes und den Auftrag, die wichtigsten Bildelemente dadurch hervorzuheben, dass sie sie in ihren Umrissen nachzeichnen. (Variante: im Plenum am Beispiel des Bildes, das für alle z. B. durch eine OH-Folie sichtbar ist). Die Bildwahrnehmung der Lernenden wird geschärft.

Wortliste

Es wird eine (beliebig lange) Liste von Wörtern präsentiert, von denen ein Teil dasjenige benennt, was auf dem Bild faktisch zu sehen ist, ein anderer Teil frei erfundene Gegenstände oder Sachverhalte benennt. In Einzel- oder Partnerarbeit müssen diejenigen Wörter ausgewählt werden, die zu dem Bild passen. Im Plenum wird diskutiert, was tatsächlich zu sehen ist bzw. was bloß vermutet wird.

Variante: Aufgenommen werden Stichwörter, die ausgesprochen plausibel, jedoch nicht zwangsläufig zutreffend sind (Beispiel: ein Bild eines Mannes, einer Frau und eines Kindes ist nicht zwingend die Darstellung einer Familie).

Zeitleiste

Als Abschluss einer Unterrichtsreihe oder eines größeren Unterrichtszusammenhangs wird mithilfe einer Bilderreihe das Gelernte wiederholt. Die Bilder dienen als Erinnerungsstütze.

Zeitreise I (in die Vergangenheit)

Die Lernenden begeben sich als Zeitreisende in das Bild und gehen dort herum. Sie sehen sich alles genau an und machen sich ihre Gedanken zum Gesehenen. Über diese „Reise" wird ein „Reisebericht" geschrieben.

Zeitreise II (in die heutige Zeit)

Die Lernenden wählen aus den im Bild dargestellten Personen eine aus und führen diese imaginär in der Gegenwart zu dem Ort, an dem das Bild damals entstanden ist. Der Besuch aus der Vergangenheit beschreibt und kommentiert die Unterschiede.

8. WEITERFÜHRENDE LITERATUR ZU DEN EINZELNEN MATERIALIEN

Homosexualität und Militär, 1913

Jason Crouthamel: Deutsche Soldaten und „Männlichkeit" im Ersten Weltkrieg, in: Aus Politik und Zeitgeschichte, 16–17, 2014; http://www.bpb.de/apuz/182566/deutsche-soldaten-und-maennlichkeit-im-ersten-weltkrieg?p=all (10.8.2017).

Ute Frevert: Das Militär als Schule der Männlichkeiten, in: Ulrike Brunotte/Rainer Herrn (Hg.): Männlichkeiten und Moderne. Geschlecht in den Wissenskulturen um 1900, Bielefeld 2008, S. 57–75; https://www.degruyter.com/downloadpdf/books/9783839407073/9783839407073-003/9783839407073-003.pdf (20.11.2017).

https://www.ahsab-ev.de/ (Arbeitskreis homosexueller Angehöriger der Bundeswehr e. V., 15.12.2017).

Attentat auf das Thronfolgerpaar, 1914

Christopher Clark: Die Schlafwandler. Wie Europa in den Ersten Weltkrieg zog, München 2013.

Gerhard Hirschfeld: Sarajewo: Das bilderlose Attentat und die Bildfindungen der Massenpresse, in: Gerhard Paul (Hg.): Das Jahrhundert der Bilder, Bd. 1, Göttingen 2009, S. 148–156.

Charlotte Klonk: Terror. Wenn Bilder zu Waffen werden, Frankfurt/M. 2017.

Josef Kohler (Hg.): Der Prozess gegen die Attentäter von Sarajewo. Nach dem amtlichen Stenogramm der Gerichtsverhandlung aktenmäßig dargestellt, Berlin 1918.

Timm Starl: Wechselvolle Geschichte(n), http://postkarten.bonartes.org.

Muslimische Kriegsgefangene im Deutschen Reich, 1916

Allahs vergessene Krieger (2014); https://moscheestrasse.wordpress.com/tag/weinberglager/

Gerhard Höpp: Muslime in der Mark. Als Kriegsgefangene und Internierte in Wünsdorf und Zossen, 1914–1924, Berlin 1997.

Margot Kahleyss: Muslimische Kriegsgefangene in Deutschland im Ersten Weltkrieg – Ansichten und Absichten, in: Gerhard Höpp/Brigitte Reinwald (Hg.): Fremdeinsätze, Berlin 2000, S. 79–118; https://www.zmo.de/publikationen/studien13.pdf.

Gleichschaltung – ein Opfer, 1933

Christoph Hamann: Gruppenbild mit „Fräulein". Hertha Nothe – eine Berufsbiografie geprägt von Ehe- und Berufsverbot, in: bbz. Berliner Bildungszeitschrift, 70. (85.) Jg. (2017), Dezember 2017, S. 30.

„Gesetz zur Wiederherstellung des Berufsbeamtentums" (7.4.1933); http://www.documentarchiv.de/ns/beamtenges.html.

Sabine Reh. Die Lehrerin. Weibliche Beamte und das Zölibat, in: Zeitschrift für Ideengeschichte, Heft XI/1, Frühjahr 2017, S. 31–40.

Sowjetische Kriegsgefangene, 1942

Rüdiger Overmans: Die Kriegsgefangenenpolitik des Deutschen Reiches 1939 bis 1945, in: Jörg Echternkamp (Hg.): Die Deutsche Kriegsgesellschaft 1939–1945, München 2005, S. 729–875.

Christian Streit: Keine Kameraden. Die Wehrmacht und die sowjetischen Kriegsgefangenen 1941–1945, Bonn 1997.

Exekution im Zweiten Weltkrieg, 1942

Petra Bopp: „Die Kamera stets schussbereit". Zur Fotopraxis deutscher Soldaten im Ersten und Zweiten Weltkrieg, in: Gerhard Paul (Hg.): Das Jahrhundert der Bilder. 1900 bis 1949, Göttingen 2009, S. 164–171.

Kathrin Hoffmann-Curtius: Trophäen in Brieftaschen – Fotografien von Wehrmachts-, SS- und Polizeiverbrechen, in: Kunsttexte.de, Nr. 3/2002 (14 Seiten); www.kunsttexte.de.

Peter Jahn/Ulrike Schmiegelt (Hg.): Foto-Feldpost. Geknipste Kriegserlebnisse 1939–1945, Berlin 2000.

Dieter Reifahrt/Viktoria Schmidt-Linsenhoff: Die Kamera der Henker, in: Fotogeschichte 3 (1983), S. 57–71.

Bombenkrieg, 1944

Christoph Hamann: Der Schreckensblick. Bombenkrieg und Ikonografie, in: Praxis Geschichte, 2015, Heft 5, S. 52–53.

Unabhängigkeitskrieg – Nakba, 1948

Sami Adwan u. a. (Hg.): Zoom in. Palestinian Refugees of 1948, Remembrances, Dordrecht 2011.

http://www.bpb.de/themen/U1VFVM,0,0,Die_Gr%FCndung_des_Staates_Israel.html.

Entnazifizierung, 1950

Norbert Frei: Vergangenheitspolitik. Die Anfänge der Bundesrepublik und die NS-Vergangenheit, München 1999.

Christoph Hamann: Der Sessel. Eine familienbiografische Selbstvergewisserung, in: Judith Martin/Christoph Hamann (Hg.): Geschichte – Friedensgeschichte – Lebensgeschichte, Herbolzheim 2007, S. 63–78.

Harald Welzer/Sabine Moller/Karoline Tschuggnall: „Opa war kein Nazi". Nationalsozialismus und Holocaust im Familiengedächtnis, Frankfurt/M. 2002.

Vertragsarbeiter in der DDR, 1987

Ann-Judith Rabenschlag: Arbeiten im Bruderland. Arbeitsmigranten in der DDR und ihr Zusammenleben mit der deutschen Bevölkerung, in: Deutschland Archiv, 15.9.2016, www.bpb.de/233678.

Oliver Raendchen: Vietnamesen in der DDR. Ein Überblick, Berlin 2000.

Schuss und Gegenschuss – Blicke der Überwachung: die Stasi, 1987

http://www.siegbert-schefke.de/video.html

https://www.bstu.bund.de/DE/Wissen/DDRGeschichte/Vorabend-der-Revolution/1987_Buergerrechtler-Umweltbibliothek/_inhalt.html?nn=2635428#anker-schreiben

Peter Grimm: Erfolgloses Drehbuch. Die Aktion „Falle" und ihr Scheitern.

Ein Zeitzeugenbericht, in: Horch und Guck, 2007, Heft 58, S. 56–57; http://www.hug-archiv.de/058/05816.pdf.

Axel Janowitz: Alles unter Kontrolle? Die DDR-Staatssicherheit, Schwalbach/Ts. 2014.

Born in the USA – Springsteen in der DDR, 1988

Ilko-Sascha Kowalczuk: Endspiel. Die Revolution von 1989 in der DDR, München 2009.

Michael Rauhut: Schalmei und Lederjacke. Rock und Politik in der DDR der achtziger Jahre, Erfurt 2002.

„Augusterlebnis" – Kriegsausbruch Berlin, 1914

Rainer Rother (Hg.): Der Weltkrieg 1914–1918. Ereignis und Erinnerung [Ausstellungshalle von I. M. Pei vom 13. Mai bis 16. August; Deutsches Historisches Museum], Berlin 2004.

Irene Sieben: Die Geschichte eines Fotos: „Goebbels wusste nicht, daß wir Juden waren", in: Berliner Morgenpost, 7.7.1974.

Jeffrey Verhey: Der „Geist von 1914" und die Erfindung der Volksgemeinschaft, Hamburg 2000.

Fackelzug durch das Brandenburger Tor, 1933

Rudolf Herz: Hoffmann & Hitler. Fotografie als Medium des Führer-Mythos, München 1994.

Bernd Sösemann: 30. Januar 1933: Inszenierung einer „Macht-Ergreifung", in: Etienne François/Uwe Puschner (Hg.): Erinnerungstage. Wendepunkte der Geschichte von der Antike bis zur Gegenwart, München 2010, S. 259–271.

Der Junge aus dem Warschauer Ghetto, 1943

Christoph Hamann: Der Junge aus dem Warschauer Ghetto, in: Gerhard Paul (Hg.): Das Jahrhundert der Bilder. 1900 bis 1949, Göttingen 2009, S. 614–623.

Ders.: Der Holocaust im Nahostkonflikt. Schlüsselbilder als visuelles Paradigma, in: Christian Geißler/Bernd Overwien (Hg.): Elemente einer zeitgemäßen politischen Bildung, Berlin 2010, S. 271–289.

Joachim Jahns: Der Warschauer Ghettokönig, Leipzig 2009.

Dan Porat: The Boy. A Holocaust Story, New York 2010.

Selektion in Auschwitz-Birkenau, 1944

Israel Gutmann/Bella Guttermann (Hg.): Das Auschwitz-Album, Göttingen 2005.

http://www.yadvashem.org/yv/de/exhibitions/album_auschwitz/index.asp.

Christoph Hamann: Bildkompetenz im Geschichtsunterricht. Interpretieren und individualisieren. Historisches Lernen mit Bildquellen, Ludwigsfelde 2012, S. 41–49.

Sprung in die Freiheit, 1961

Elena Demke: „Sprung in die Freiheit" versus „Menschliche Mauer" – Foto-Ikonen zum Mauerbau aus West und Ost. Anregungen zur Bildinterpretation im Geschichtsunterricht. In: www.zeitzeugenbuero.de/fileadmin/zzp/pdf/Bildinterpretation.pdf.

Christoph Hamann: Fluchtbilder. Schlüsselbilder einer mörderischen Grenze, in: Gerhard Paul (Hg.): Das Jahrhundert der Bilder, 1949 bis heute, Göttingen 2008, S. 266–273.

Situation Room – Tötung Osama bin Ladens, 2011

Michael Kauppert/Irene Leser (Hg.): Hillarys Hand. Zur politischen Ikonographie der Gegenwart, Bielefeld 2014.

Aglaja Przyborski/Günther Haller (Hg.): Das politische Bild. Situation Room. Ein Foto – vier Analysen, Opladen 2014.

Festung Europa, 2015

Mette Mortensen/Stuart Allan/Chris Peters: The Iconic Image in a Digital Age. Editorial Mediations over the Alan Kurdi Photographs, in: Nordicom Review. The Journal of University of Gothenburg, Nordicom, 38 Jg. (Nov. 2017), Heft 2, S. 71–86; https://www.degruyter.com/view/j/nor.2017.38.issue-s2/nor-2017–0415/nor-2017–0415.xml (16.12.2017).

Christian Schicha: Bildethische Reflexionen zur Darstellung verstorbener Geflüchteter, in: tv diskurs 22 (2019), Heft 1, S. 38–41.

„Triumph des Willens" – NS-Reichsparteitag, 1934/1935

Paula Diehl: Reichsparteitag. Der Massenkörper als visuelles Versprechen der „Volksgemeinschaft", in: Gerhard Paul (Hg.): Das Jahrhundert der Bilder 1900 bis 1949, Göttingen 2009, S. 470–479.

Kristina Oberwinter: „Bewegende Bilder". Repräsentation und Produktion von Emotionen in Leni Riefenstahls Triumph des Willens, Berlin 2007.

Triumph des Willens (1935), Film (1,25 Std.); https://archive.org/details/TriumphOfTheWillgermanTriumphDesWillens (10.12.2017).

Die Ermordung Hanns Martin Schleyers, 1977

Petra Bernhardt: Terrorbilder, in: Aus Politik und Zeitgeschichte, 66. Jg. (2016), Heft 24/25, S. 3–10.

Charlotte Klonk: Terror. Wenn Bilder zu Waffen werden, Frankfurt/M. 2017.

Rolf Sachsse: Die Entführung. Die RAF als Bildermaschine, in: Gerhard Paul (Hg.): Das Jahrhundert der Bilder. 1949 bis heute, Göttingen 2008, S. 466–473.

Petra Terhoeven: Die Fotografien des entführten Hanns Martin Schleyer – Ikonen des Terrorismus, in: Stiftung Haus der Geschichte der Bundesrepublik Deutschland (Hg.): Bilder im Kopf – Ikonen der Zeitgeschichte, Bonn/Köln 2009, S. 140–149.

„Der Tag der Entscheidung", 1989

Rainer Eckert: Der 9. Oktober: Tag der Entscheidung in Leipzig, in: Klaus-Dietmar Henke (Hg.): Revolution und Vereinigung 1989/90. Als in Deutschland die Realität die Phantasie überholte, München 2009, S. 213–223.

Christoph Hamann: Klaus Lehnarzt: Der Fall der Berliner Mauer 1989, in: Michael Wobring/Susanne Popp (Hg.): Der europäische Bildersaal. Europa und seine Bilder, Schwabach/Ts. 2014, S. 168–179.

Martin Jankowski: Der Tag der Deutschland veränderte. 9. Oktober 1989, Leipzig 2007.

http://www.zeitzeugenbuero.de/index.php?id=detail&zzp=43: mit Video-Interview Schefkes u. a. (26.11.2018)

https://www.siegbert-schefke.de/video.html: Video-Interviews mit Schefke; Video-reprotage 1989 „Wir sind das Volk" – Leipzig im Oktober (26.11.2018).

Bilderkrieg – Nine Eleven, 2001

Charlotte Klonk: Terror. Wenn Bilder zu Waffen werden, Frankfurt/M. 2017.

Herfried Münkler: 9/11 – Das Bild als Waffe in einer globalisierten Welt, in: Stiftung Haus der Geschichte der Bundesrepublik Deutschland (Hg.): Bilder im Kopf. Ikonen der Zeitgeschichte, Bonn/Köln 2009, S. 150–161.

Bilder als visueller Terror, 2004

Petra Bernhardt: Terrorbilder, in: Aus Politik und Zeitgeschichte, 66. Jg. (2016), Heft 24/25, S. 3–10; http://www.bpb.de/apuz/228859/terrorbilder?p=all (1.11.2017).

Charlotte Klonk: Terror. Wenn Bilder zu Waffen werden, Frankfurt/M. 2017.

Marion G. Müller: Burning Bodies. Visueller Horror als strategisches Element kriegerischen Terrors – eine ikonologische Betrachtung ohne Bilder, in: Thomas Knieper/Marion G. Müller (Hg.): War Visions. Bildkommunikation und Krieg, Köln 2005, S. 405–423.

„Street Fighting Man" in Ostjerusalem?, 2011

Simon Faulkner: Images and demonstrations in the Occupied West Bank, in: JOMEC Journal. Journalism, Media and Cultural Studies 2013; http://www.art.mmu.ac.uk/staff/research/4217 (1.11.2017).

http://www.rubensalvadori.com/index.php/project/photojournalism-behind-the-scenes/ (1.11.2017).

Ruben Salvadori: Photojournalism Behind the Scenes ITA ENG; https://www.youtube.com/watch?v=kLnrG2Xqyfk (16.12.2017).

Verdun – Visions d'histoire, 1928

Martin Hellmold: „Warum gerade diese Bilder?" Überlegungen zur Ästhetik und Funktion historischer Referenzbilder moderner Kriege, in: Thomas F. Schneider (Hg.): Kriegserlebnis und Legendenbildung. Das Bild des modernen Krieges in Literatur, Theater, Photographie und Film, Bd. 1, Osnabrück 1999, S. 34–50.

Ulrich Keller: Verdun, 1916. Die Schlacht der Bildreportagen, in: Fotogeschichte, 33. Jg. (2013), Heft 130, S. 51–84.

Die Ausrufung der Republik, 1918

Ernst Drahn/Ernst Friedegg (Hg.): Deutscher Revolutionsalmanach für das Jahr 1919 über die Ereignisse des Jahres 1918, Hamburg/Berlin 1919.

Christoph Hamann: Die Ausrufung der Republik. Fakten, Fiktionen und Irritationen – Anmerkungen zu Philipp Scheidemanns Rede vom 9. November 1918 und deren Rezeption, in: Zeitschrift für Geschichtsdidaktik, 17. Jg. (2018), S. 159–176.

Manfred Jessen-Klingenberg: Die Ausrufung der Republik durch Philipp Scheidemann am 9. November 1918, in: Geschichte in Wissenschaft und Unterricht, 19. Jg. (1968), Heft 11, S. 649–656.

Lothar Machtan: Und nun geht nach Hause, in: Die Zeit, 5.4.2018, S. 21 (=2018a).

Lothar Machtan: Kaisersturz. Vom Scheitern im Herzen der Macht, Darmstadt 2018 (=2018b).

Rückzug der deutschen Wehrmacht vor Moskau, 1941

Christoph Hamann: Feindbilder und Bilder vom Feind, in: Margot Blank/Museum Berlin-Karlshorst (Hg.): Beutestücke. Kriegsgefangene in der deutschen und sowjetischen Fotografie 1941–1945, Berlin 2003, S. 16–31.

Daniela Mrázková/Vladimir Remeš (Hg.): Von Moskau nach Berlin. Der Krieg im Osten 1941–1945, gesehen von russischen Fotografen, Oldenburg/München 1979.

Ostfront – die deutsche Propaganda, 1941

Christoph Hamann: Feindbilder und Bilder vom Feind, in: Margot Blank/Museum Berlin-Karlshorst (Hg.): Beutestücke. Kriegsgefangene in der deutschen und sowjetischen Fotografie 1941–1945, Berlin 2003, S. 16–31.

Ders.: Bilder analysieren, in: Michele Barricelli u. a. (Hg.): Historisches Wissen ist narratives Wissen, Ludwigsfelde 2008, S. 45–52.

http://www.bpb.de/gesellschaft/medien/krieg-in-den-medien/130699/methoden-der-kriegspropaganda?p=all.

http://www.bpb.de/gesellschaft/medien/bilder-in-geschichte-und-politik/73169/kriegsberichterstattung (10.12.2017).

Ostfront – die sowjetische Propaganda, 1942

Vgl. Kapitel Ostfront – die deutsche Propaganda, 1941

David gegen Goliath, 1953

Christoph Hamann: Der Aufstand. Die In-Szene-Setzung eines Volksaufstands, in: Gerhard Paul (Hg.): Das Jahrhundert der Bilder. 1949 bis heute, Göttingen 2008, S. 80–87.

Ders.: Interview mit dem Bildjournalisten Wolfgang Albrecht, 7.11.2002 (Ms.).

Das Brandenburger Tor – West, 1961

Elena Demke: „Antifaschistischer Schutzwall" – „Ulbrichts KZ". Kalter Krieg der Mauerbilder, in: Klaus-Dietmar Henke (Hg.): Die Mauer. Errichtung, Überwindung, Erinnerung, München 2011, S. 96–110.

Christoph Hamann: Bilddatenbanken. Das Foto als historische Quelle in Online-Bildarchiven, in: Geschichte in Wissenschaft und Unterricht, 62. Jg. (2011), Heft 11/12, S. 692–698.

Das Brandenburger Tor – Ost, 1976

Christoph Hamann: Bildkompetenz im Geschichtsunterricht. Interpretieren und individualisieren. Historisches Lernen mit Bildquellen, Ludwigsfelde 2012, S. 51–55.

Ders.: 13,37 Grad Länge/52,51 Grad Breite. Die Semantisierung des Raums am Brandenburger Tor, in: Saskia Handro/Bernd Schönemann (Hg.): Raum und Sinn, Berlin 2012, S. 5–22.

9. LITERATUR (AUSWAHL)

Assmann, Jan: Das kulturelle Gedächtnis. Schrift, Erinnerung und politische Identität in frühen Hochkulturen, München 2000.

Barthes, Roland: Die helle Kammer. Bemerkungen zur Fotografie, Frankfurt/M. 1985.

Bergmann, Klaus/Schneider, Gerhard: Das Bild, in: Hans-Jürgen Pandel/Gerhard Schneider (Hg.): Handbuch Medien im Geschichtsunterricht, Schwalbach/Ts. 1999, S. 211–254.

Bernhardt, Markus: Vom ersten auf den zweiten Blick. Eine empirische Untersuchung zur Bildwahrnehmung von Lernenden, in: Geschichte in Wissenschaft und Unterricht, 58. Jg. (2007), Nr. 7/8, S. 417–432.

Ders.: „Ich sehe was, was Du nicht siehst!" Überlegungen zur Kompetenzentwicklung im Geschichtsunterricht am Beispiel der Bildwahrnehmung, in: Saskia Handro/Bernd Schönemann (Hg.): Visualität und Geschichte, Berlin 2011, S. 37–53.

Borries, Bodo von: De-Konstruktion von Bildergeschichten/Historienbildern, in: Reinhard Krammer/Heinrich Ammerer (Hg.): Mit Bildern arbeiten. Historische Kompetenzen erwerben, Neuried 2006, S. 38–64.

Bredekamp, Horst: Theorie des Bildakts, Berlin 2010.

Buntz, Herwig/Erdmann, Elisabeth: Fenster zur Vergangenheit. Bilder im Geschichtsunterricht. Bd. 1: Von der Frühgeschichte bis zum Mittelalter, Bamberg 2004; Bd. 2: Von der Frühen Neuzeit bis zur Zeitgeschichte, Bamberg 2009.

Didi-Huberman, Georges: Bilder trotz allem, Paderborn/München 2007.

Diehl, Paula: Reichsparteitag. Der Massenkörper als visuelles Versprechen der „Volksgemeinschaft", in: Gerhard Paul (Hg.): Das Jahrhundert der Bilder 1900 bis 1949, Göttingen 2009, S. 470–479.

Dreier, Werner/Fuchs, Eduard/Radkau, Verena/Utz, Hans (Hg.): Schlüsselbilder des Nationalsozialismus. Fotohistorische und didaktische Überlegungen, Innsbruck/Wien/Bozen 2008.

Greif, Gideon: The Auschwitz Album. A Curriculum for High Schools, Hg. von Yad Vashem. The International School for Holocaust Studies, Jerusalem 2009.

Hamann, Christoph: Fluchtpunkt Birkenau. Das Foto von Auschwitz-Birkenau 1945, in: Gerhard Paul (Hg.): Visual History. Ein Studienbuch, Göttingen 2006, S. 283–302.

Ders.: Bildquellen im Geschichtsunterricht, in: Michele Barricelli/Martin Lücke (Hg.): Handbuch Praxis des Geschichtsunterrichts. Historisches Lernen in der Schule, Schwalbach/Ts. 2012, S. 108–124.

Ders.: Fotografische Quellen, in: Markus Furrer/Kurt Messmer (Hg.): Handbuch Zeitgeschichte im Geschichtsunterricht, Schwalbach/Ts. 2013a, S. 293–312.

Ders.: Vom Index zum Ikon. Digitale Fotografie und Bildquellenkritik, in: Geschichte in Wissenschaft und Unterricht (GWU), 64. Jg. (2013b), Heft 11/12, S. 723–731.

Ders.: Sehepunkte und Bildkompetenz. Zur Ikonografie des Nationalsozialismus im Unterricht, in: Hanns-Fred Rathenow/Birgit Wenzel/Norbert H. Weber (Hg.): Handbuch Nationalsozialismus und Holocaust. Historisch-politisches Lernen in Schule, außerschulischer Bildung und Lehrerbildung, Schwalbach/Ts. 2013c, S. 187–204.

Ders.: Fotografien – Ansichts-Sachen aus der Vergangenheit, in: Michael Sauer (Hg.): Spurensucher. Ein Praxisbuch für historische Projektarbeit, Hamburg 2014, S. 150–169.

Ders.: Das Foto als Symbol. Überlegungen zur visuellen Geschichtskultur, in: Jürgen Danyel/Gerhard Paul/Annette Vowinckel (Hg.): Die Arbeit am Bild. Visual History als Praxis, Göttingen 2017, S. 158–175.

Handro, Saskia/Schönemann, Bernd (Hg.): Visualität und Geschichte, Berlin 2011.

Hannig, Jürgen: Fotografie und Geschichte, in: Klaus Bergmann u. a. (Hg.): Handbuch der Geschichtsdidaktik, 5. überarb. Aufl., Seelze-Velber 1997, S. 675–680.

Hartewig, Karin: Fotografien, in: Michael Maurer: Aufriss der historischen Wissenschaften, Bd. 4: Quellen, Stuttgart 2002.

Herbert, Ulrich (Hg.): Nationalsozialistische Vernichtungspolitik. Neue Forschungen und Kontroversen, Frankfurt/M. 1998.

Charlotte Klonk: Terror. Wenn Bilder zu Waffen werden, Frankfurt/M. 2017.

Koerber, Andreas: Bilder als Quellen – Bilder als Darstellungen. Bilder zum Rekonstruieren von Geschichte; Geschichte in Bildern de-konstruieren, in: Johannes Kirschenmann/Ernst Wagner (Hg.): Bilder, die die Welt bedeuten, München 2006, S. 169–193.

Krammer, Reinhard/Ammerer, Heinrich (Hg.): Mit Bildern arbeiten. Historische Kompetenzen erwerben, Neuried 2002.

Kreutzmüller, Christoph/Werner, Julia (Hg.): Fixiert. Fotografische Quellen zur Verfolgung und Ermordung der Juden in Europa. Eine pädagogische Handreichung, Berlin 2012.

Land, Kerstin/Pandel, Hans-Jürgen: Bildinterpretation praktisch. Bildgeschichte und verfilmte Bilder. Bildinterpretation II, Schwalbach/Ts. 2009.

Lange, Kristina: Historisches Bildverstehen oder Wie lernen Schüler mit Bildquellen? Ein Beitrag zur geschichtsdidaktischen Lehr-Lern-Forschung, Berlin 2011.

Dies.: Schülervorstellungen zur Bildquellenarbeit im Geschichtsunterricht, in: Zeitschrift für Geschichtsdidaktik, 12. Jg. (2013), S. 27–45.

Mitchell, William John Thomas: Was ist ein Bild?, in: Volker Bohn (Hg.): Bildlichkeit. Internationale Beiträge zur Poetik, Frankfurt/M. 1990, S. 17–68.

Moller, Sabine: Zeitgeschichte sehen. Die Aneignung von Vergangenheit durch Filme und ihre Zuschauer, Berlin 2018.

Mühlhausen, Walter: Die Weimarer Republik entblößt. Das Badehosen-Foto von Friedrich Ebert und Gustav Noske, in: Gerhard Paul (Hg.): Das Jahrhundert der Bilder. 1900 bis 1949, Göttingen 2009a, S. 236–243.

Ders.: Im Visier der Fotografen. Reichspräsident Ebert im Bild, Heidelberg 2009b.

Oberwinter, Kristina: „Bewegende Bilder". Repräsentation und Produktion von Emotionen in Leni Riefenstahls Triumph des Willens, Berlin 2007.

Pandel, Hans-Jürgen: Bildinterpretation, in: Ulrich Meyer/Hans-Jürgen Pandel/Gerhard Schneider (Hg.): Handbuch Methoden im Geschichtsunterricht, Schwalbach/Ts. 2002, S. 172–184.

Ders.: Bildinterpretation. Die Bildquelle im Geschichtsunterricht. Bildinterpretation I, Schwalbach/Ts. 2008.

Paul, Gerhard (Hg.): Visual History. Ein Studienbuch, Göttingen 2006.

Ders. (Hg.): Das Jahrhundert der Bilder. 1949 bis heute, Göttingen 2008.

Ders. (Hg.): Das Jahrhundert der Bilder. 1900 bis 1949, Göttingen 2009.

Ders.: Visual History, Version: 2.0, in: Docupedia-Zeitgeschichte, 29.10.2012, URL: http://docupedia.de/zg/.

Ders.: Das visuelle Zeitalter. Punkt und Pixel, Göttingen 2016.

Sacchi, Dario L. M./Agnoli, Franca/Loftus, Elizabeth F.: Changing History: Doctored Photographs Affect Memory for Past Public Events, in: Applied Cognitive Psychology, 21. Jg. (2007), S. 1.005–1.022.

Sachs-Hombach, Klaus (Hg.): Bildwissenschaft: Disziplinen, Themen, Methoden, Frankfurt/M. 2005.

Sauer, Michael: Bilder im Geschichtsunterricht. Typen, Interpretationsmethoden, Unterrichtsverfahren, Seelze-Velber 2000.

Ders.: Quellenarbeit im Geschichtsunterricht. Empirische Befunde, in: Zeitschrift für Geschichtsdidaktik, 12. Jg. (2013), S. 176–197.

Schneider, Gerhard (Hg.): Die visuelle Dimension des Historischen, Schwalbach/Ts. 2002.

Schwan, Stephan: Verstehen, in: Carsten Wünsch (Hg.): Handbuch Medienrezeption, Baden-Baden 2014, S. 191–206.

Sontag, Susan: Über Fotografie, Frankfurt/M. 1999.

Dies.: Das Leiden der Anderen betrachten, München/Wien 2003.

Visual History, Zeitschrift für Geschichtsdidaktik, 12. Jg. (2013).

Weidenmann, Bernd: Der flüchtige Blick beim stehenden Bild: Zur oberflächlichen Verarbeitung von pädagogischen Illustrationen, in: Unterrichtswissenschaft (1988), S. 43–57.

Welzer, Harald: Das kommunikative Gedächtnis. Eine Theorie der Erinnerung, München 2008.

Wineburg, Sam: Sinn machen. Wie Erinnerung zwischen den Generationen gebildet wird, in: Harald Welzer (Hg.): Das soziale Gedächtnis. Geschichte, Erinnerung, Tradierung, Hamburg 2001, S. 179–204.

Wobring, Michael/Popp, Susanne (Hg.): Der europäische Bildersaal. Europa und seine Bilder. Analyse und Interpretation zentraler Bildquellen, Schwalbach/Ts. 2014.